重新理解创业

一个创业者的途中思考

周航 著

中信出版集团 · 北京

图书在版编目（CIP）数据

重新理解创业：一个创业者的途中思考 / 周航著
. -- 北京：中信出版社，2018.10（2023.10重印）
ISBN 978-7-5086-9530-3

I. ①重… II. ①周… III. ①创业－通俗读物 IV.
① F241.4-49

中国版本图书馆 CIP 数据核字（2018）第 220670 号

重新理解创业：一个创业者的途中思考

著　者：周 航
出版发行：中信出版集团股份有限公司
（北京市朝阳区东三环北路 27 号嘉铭中心　邮编　100020）
承 印 者：唐山楠萍印务有限公司

开　本：880mm×1230mm　1/32　　印　张：7.75　　字　数：142 千字
版　次：2018 年 10 月第 1 版　　印　次：2023 年 10 月第 8 次印刷
书　号：ISBN 978-7-5086-9530-3
定　价：58.00 元

目　录

第六章 重新理解领导力

第七章 领导者的自我成长

第八章 如何打造一个团队

第十二章　重新理解未来

推荐序一

认知和思考最好的体现是面向未来的行动

小米公司创始人、董事长兼首席执行官　雷军

周航找到我，说最近写了本书，中信出版社准备出版，请我抽空给写个书序，我甚至连书稿还没来得及看就一口答应下来。

我之所以愿意支持周航的这本新书，主要是因为非常认同他的一个观点：全社会应该更加包容地看待创业者。我从武汉大学大四时参与创办三色公司算起至今创业已经有近30年了，深知创业的艰辛不易。对胜利者，我们常常会报以掌声；但是对失败者，我们却嗤之以鼻，长此以往，这种社会风气会打击创业者的积极性。

其实没有任何一个伟大的公司、伟大的企业家不经过百转

千回，不经过千锤百炼，就能够随随便便成功！创业失败既不可怕，也不可耻。而创业者能否从失败中真实客观地总结教训，则是通往后续成功的关键。周航能对经营易到过程中的得与失做认真深度的剖析，并且不避讳不加粉饰地将他的思考分享出来，这中间需要很大的勇气，我认为值得鼓励。

我与周航有段相似的经历。2007 年金山软件上市后不久我宣布退休，一边做天使投资，一边对自己在金山的创业历程进行复盘。企业上市本来是成功的标志，但我却没有太多的喜悦感，因为与同时期几家互联网企业相比，我觉得当时的金山软件不够大成。而要想大成，光靠勤奋和努力是远远不够的。这一次的长考持续了三年之久，直到我在 2010 年创办了小米。

我在那段时间的思考几乎像是用手术刀解剖自己，虽然残酷，但非常真实。我先是总结了五点体会：1. 人欲即天理，是更现实的人生观；2. 顺势而为，不要做逆天的事情；3. 颠覆创新，用真正的互联网精神重新思考；4. 广结善缘，中国是人情社会；5. 专注，少就是多。

后来我还总结了创业十条：1. 能洞察用户需求，对市场极其敏感；2. 志存高远并脚踏实地；3. 最好是两三个优势互补的人一起创业；4. 一定要有技术过硬并能带队伍的技术带头人；5. 低成本下的快速扩张能力；6. 有创业成功经验的人加分；7. 做最肥的市场；8. 选择最佳的时间点；9. 专注、专注再专注；10. 业务在小规模被验证。其他像“站在风口上，猪都会飞”“专注、极致、口碑、快”互联网七字诀这些话在创业者圈子里也都十分流行。

周航这本书给了我很多的启发，我结合自己这么多年对创业的理解重新梳理做了个小结，大概有这么 10 条，希望是对周航书中观点的回应与补充，同时也能对创业者有所帮助：

1. 对创业永怀敬畏之心。创业者哪怕做对了 100 件事，但不幸的是一件事做错了，就可能导致严重的后果，前功尽弃。每次听人说觉得创业“so easy”（如此简单），我都觉得其实还是低估了创业的复杂度和成功概率。

2. 空杯心态，放下过去所有经验和认知，从零开始全然忘我地学习。

3. 创业者仅有创业的激情和毅力是远远不够的，还需要从“看到”努力做到“看穿”，因为“看穿”才敢大赌，才有大赢的机会。

4. 真正看好一个创业者，看好的是他的行动，认知和思考最好的体现是面向未来的行动。

5. 年轻的创业公司需要时间来沉淀打磨，才能变得更加厚实强大！创业初期需要勇气和决心，但后面越来越需要韧劲儿与耐力，不要老想着速战速决、一步登天。

6. 最好的管理者是自我管理者。我在小米创业初期找的基本上都是自我管理型人才，有了他们我才可以放心大胆地实践，去管理。

7. 真正的聪明是厚道。老子有云：大智若愚，大巧若拙。能为他人着想，才能收获信任与回报，才是人生大智慧。

8. 当前的创业环境比以往更激烈，但是通常来讲，一个创业的原点最好还是要专注怎么帮用户解决一个具体的痛点，哪怕是一个很小的痛点。

9. 除了勤奋之外，创业者还要在自己的事业中找到乐趣和激情。维珍航空创始人兼 CEO（首席执行官）理查德·布兰森说："创业的秘诀是什么？不能乐在其中，就别做。"

10. 保持初心，追随内心。2015 年我曾经有一段时间总在思考这样一个问题：小米当初为什么出发，创业的本质是什么？后来我想清楚了，在那一年的小米年会上和全体员工分享了答案：创业心态的本质就是要做自己觉得酷的产品，就是要享受这个过程，在探索的道路上永不止步。

这两年创业似乎成了一件时髦的事，其实创业从不像这个词听上去的那么美好，就如同在风沙中穿过沙漠去寻找水源，只有在你从所有痛苦和挣扎中走出来之后，再回忆种种刻骨铭心的经历时，它才是美好的。即使成功，也无定式。因为每个创业企业的情况不一样，别人的成功经验到自己这儿就不一定有用了。建议大家多看些失败的案例，从中吸取教训，避免走别人走过的弯路，或许更有意义。

推荐序二

反思是为了更好地前行

创新工场董事长兼首席执行官　李开复

上次见到周航，是在7月创新工场兄弟会的一次课程上，我们很荣幸地邀请到他，来给创新工场第三期兄弟会的CEO们分享经验。两个小时的课程里，周航将自己创业的经历，做了不留余地的思考，讲了很多掏心掏肺的话。我和在场的CEO们都深受感动，回馈以持续不断的掌声。

人在骨子里是喜欢成功、厌恶失败的。所以市面上讲述成功学的书琳琅满目，却罕见一本反思失败的书籍。大家避讳谈论失败，对它视而不见，可它却无时无刻不围绕在创业者身边。其实，相比成功的说教，失败的探讨往往更有价值。

周航是有诚意的，他并非在贩卖另类的鸡汤，而是把自己自创立易到以来走对或走错的每一步，都解剖开来给你看，这些曾经让他深夜失眠、让他战战兢兢的时刻，都是些血淋淋的还未冷却的教训。

周航和易到是网约车市场不折不扣的先行者。易到创立于2010年5月，3个月后，卡兰尼克才在美国成立优步（Uber），当时国内专车市场几近真空。当时遍及全国的移动支付还未诞生，智能手机也才刚刚进入换机潮；创新工场成立刚满一年，正集中捕捉第一波移动互联网大潮的红利；滴滴和快的直到两年后才出现。

所以易到的遭遇才如此让人遗憾。无论从哪方面来说，这都曾经是一张世界级的门票，甚至可以说是移动互联网第一波浪潮中几乎找不到第二个的完美项目：需求绝对刚性；轻资产，有很好的解决方案；商业模式非常清晰，单单收钱，单单赚钱。

虽然没能做成一家巨大的公司，但易到仍然是一家伟大的公司，周航也是一位伟大的创业者。他敏锐地觉察到了市场的需求，以提供用户价值为使命，不断打磨优化产品，体现了一位创业者的专注和执着。

创业是一条少有人走的路。创业的高光时刻只存在于少数幸运儿的瞬间，剩下的时刻则是长久的暗淡。前不久，创新工场的十几位CEO组织了一个饭局，谈论创业过程中的至暗时刻，每位CEO在创业过程中都经历过自我怀疑和绝望。创业者是伟大的，他们背负的不仅仅是个人事业的成与败，还有对家人的责任，对创业伙伴的承诺，这份压力背后是难以言说的孤独和焦虑。

在书中，周航不仅反思自身，剖析问题，还给出建议，给出思考问题的方法。这些都是真刀真枪打出来的经验，值得每一位创业者多读几遍，吸收内化，用周航的话说，不仅要“看到”，还要“看穿”。创业者每一天都要打仗，跑得再快也不要忘了最重要的事情，只有不断吸收、反思、复盘，才能获得快速的成长。

我很认同他书中的一点，公司战略和产品方向从不是一成不变的，而是在与环境的碰撞中不断调整。创新工场成立 9 年，也没有一成不变地延续最初的“投资 + 孵化”模式，随着管理基金规模不断扩大和创业环境逐渐完善，创新工场已完成“去孵化”，专注在创业公司早中期投资，并成为业界第一个提出“VC+AI”（风险投资 + 人工智能）模式的基金，成立人工智能工程院，帮助投资公司更好地利用人工智能技术，实现业务的增长和转型。

很开心周航走出创业失败的低谷。所有的经历都会变成财富。他勇敢地把自己的每块伤疤揭开给别人看，对他人是种赠予，对自己也是系统性的反思。反思是为了更好地前行，从失败中学习成长，然后再次出发。期待周航的未来能走得更好，走得更远。

推荐序三

我与周航的四个故事

真格基金创始人　徐小平

大约是 2010 年的春天，我在新东方的一位好朋友跟我说，有个创业者想约我谈一个项目。那个时候的我正处在投资好奇心阶段，任何人约我谈项目我都觉得是千载难逢的机会。

第二天，我就见到了周航。只见他器宇轩昂，短硬发茬，目光如炬，谈吐若定。我一见面就喜欢上了他。朋友说周航之前跟他哥哥一起做公司，是奥运场馆的音响提供商。这种成功经历，加上他对所做之事的激情描述，再者他要的金额也不算多，我就当场跟他握手成交，成了他的投资人。

易到就这样启动了。当时的名字叫“用车”。周航还注册到了“yongche.com”这样的顶级域名。承载着社会对于“用车”的期待，周航的易到开始在北京街巷穿行接客，编织梦想。

周航是怎么带着易到的同事一路走过来的，我所知不多。我只知道我跟他交往的一些小故事，现在讲来，依然感到金戈铁马、气吞万里。

第一个故事：忘不了 2011 年冬，正是除夕那天。天空一片昏黄，街上人影稀疏。所有人都回家过年去了，周航却紧急约我见面。当时他已经买了去温哥华的机票就要跟家人团聚，但易到的融资并未像预期那样在节前到账，周航担心春节一过就发不出工资，跟我紧急磋商怎么办。

为了让周航放下包袱、过个好年，我跟他拍胸脯说：“如果开年后拿不到钱，包在我身上！回去跟家人好好团聚，春节回来后再拼命干！”

我说这句话有如下心理：1. 我相信易到肯定能够拿到钱，所以说大话不怕腰疼；2. 如果真的拿不到钱，那我还真会给他投。回头看，如果当时我真的投了这一轮，在后来很长时间内，账面会有巨大增值，而且还会有好几次退出机会。

周航春节回来，投资方资金顺利到账。我的豪言壮语没有被迫兑现，但我跟周航的战斗友谊，因此而凝聚得更深了。

第二个故事：易到是一个需要巨量资金投入的项目。就在易到即将完成新一轮几亿美元融资的关键时刻，我接到周航一个电话，说有关部门要出台一个政策，对易到这种模式极其不利。电话中周航连续说了三个“压力太大了”。放下电话，我甚至觉得有点好笑。如果是我，我一定会用尽天下所有形容绝望与痛苦的词汇，表达我那时的心情，但周航就干巴巴地用了“压力太大了”这几个字。

确实，周航是一个能够承受巨大压力，而不刻意渲染的人。这可能是我唯一一次听周航讲“压力”两个字。周航面临的压力确实有点大——创业者倾洪荒之力打造的一个梦想，上千人的公司，几万人的生计，随时可能在一纸政策面前土崩瓦解、灰飞烟灭。而承担所有后果的，说起来由我们这样的投资人、合伙人、顾问朋友来共担，但最大的苦果，其实只有周航一个人在吞咽。

“那些杀不死你的，使你变得更加强大。”创业带给创业者的，就是这种超越自我的强大，这种在人生路途上再也无法难倒他们的钢铁意志。

第三个故事：2014 年，易到获得携程战略投资。在新闻发布会上，有两个特殊嘉宾的发言值得我在这里回味。他们用自己出行习惯的改变，宣布了一个崭新时代的来临。一个嘉宾是罗振宇，一个是王强。他俩在发布会上不约而同地说：由于共享出行带来的便利，他们已经都不再拥有自己的汽车，而是完全使用共享汽车替代私家车。他们对易到的模式表示了感谢与赞美。

如果人类都像罗振宇、王强那样不再拥有私家车，而完全使用社会共享汽车，北京的交通将会多么顺畅，北京的天空将会多么蔚蓝，北京的生活将会多么舒适啊！

我不确定罗振宇后来是否买车了。我觉得他的一对千金诞生后，怎么也得买辆七座的商务车吧，带着太太、孩子、父母，加太太的父母，罗振宇开车，一家八口正好完美出门。但我确实知道王强已经十年没有自己的车了。每次从我家离开时，要么找辆 ofo 单车骑骑，要么打个易到享受一下它永远都有的补贴，既省心又省钱地回府。

易到是共享出行领域的首倡者。我相信，周航一定会为他多年前那个改变了世界的梦想而感到骄傲。

最后一个故事，是一个批评周航的故事：2015 年冬天，周航邀请我为易到拍摄广告片。这真是一次大制作。在隆冬的严寒中，我花了整整两天时间扮演模特，而制作则动用了昂贵机器、豪华团队以及更宝贵的时间精力和机会成本。

我当时就强烈认为周航让我拍广告片不是一个好做法。我甚至在真格基金跟大家说：凡是找我拍广告宣传片的公司，都不会成功。原因很简答，我的魅力，除了省钱之外，怎么能跟那些影视明星、大众情人比呢？虽然周航爱我爱得深，创投界的朋友们也许都知道我，但社会大众看了我代言的广告片，不卸载易到 App（手机应用）就是好事了，怎么能够起到推广作用？易到省下的可能是可见的代言费，但失去的，很可能是一个市场转折点啊！

我不知道周航怎么看我的批评。当时如果用了邓超或者黄晓明来代言，也许用户就会烈火燎原、势如破竹，易到也许就成了呢？但是，周航用了不收代言费、想收也没有给的徐小平……我要严正声明的是：易到后来的失败，绝对跟我拍这个广告片是没有关系的！

创业为什么难？难就难在你每一个决策都会像前一片多米诺骨牌一样，会影响到下一步发展。易到并没有实现它既定的目标。周航也在乐视收购易到之后退出了这个行业。但易到的故事，绝对值得参与者复盘，值得创业者反思，值得大家从中汲取经验教训。

让我惊喜的是：周航用一如既往的勇气写出了这本书。他直面自己创办易到的风风雨雨、沟沟坎坎，勇敢解剖自己决策过程中的得失。这对今日创业者，是一本奇书，是一个馈赠，是一门最好的商学院课程。我相信周航的书，对天下创业者都有一种镜鉴作用，会让中国的创业群体变得更加成熟，从而走得更快、攀得更高！

因为投资易到，也因为热爱周航，我的手机，至今执着地拒绝安装滴滴，忠贞不渝地守着易到，虽然易到的目的地，至今未到。不为别的，只为当初和周航共同做过的那个梦。那个梦虽然暂时被窒息了，但留下来的，是对于梦想九死无悔的追求，对于人生雁过留声的自信，对于未来砥砺前行、坚信易到的奋斗……

处在人生黄金岁月的周航，正在雷军旗下的顺为资本做一个投资合伙人。因为他是在雷军身边，我正好用雷军的经历来寄语周航：雷军是在41岁时带着金山时代的伤痕创办小米的。小米今天市值4000亿港元了。年岁相仿、雄心齐飞的周航，再做个十分之一、400亿港元的公司总是可以的吧？

我期待周航在未来的道路上一帆风顺。如果继续创业，新公司融资的时候不要忘记我！

前 言

我们战胜的，都是渺小的，

结果本身也使我们渺小。

永恒与非凡之物

不欲被我们弯曲。

……

胜利不会对他发出邀请。

他的成长乃是：成为卑微的战败者，

败于越来越大之物。

——里尔克《观看的男人》

从九十年代开始创业到现在，二十多年，可以说我生命中一半以上的时间都在创业。

一个创业者从南到北的故事

1994 年，乘着时代的潮头，我和哥哥在广东一起创办了一家做专业音响的公司，后来它成长为天创数码集团（股票代码：400036）。在这个非常传统的行业，我做了近 10 年，算小有成绩，可这终究是一个很狭窄的行业，又偏居一隅。2003 年我的内心开始躁动，就想要新的突破。

那时，我大概不到 30 岁，去了长江商学院学习。上学虽然没有解决选择难题，也不能消除焦虑，但能看到新的世界，也带给我一次很重要的人生实习机会。曾经在长江商学院任教的曾鸣教授去了阿里巴巴，随后就任雅虎中国 CEO，他就把我叫过去做兼职顾问。

这一段经历对我非常有价值，就像开了一扇窗。过去我虽然知道互联网，知道阿里巴巴，知道雅虎，但只是从一个网络用户的角度，这一次真正从内部了解到一个互联网公司是怎么回事。

人心就这样，被视野一点点撑大。作为一个传统行业的从业者，在深入接触互联网后，我有了很多很多的想法，我想过做移动支付，想过做电子阅读、移动洗车、基于通讯录的实名社交等等。

任何事情，光想是不会有结论的，因为没压力。今天想得很兴奋，明天想不下去便不想了。那段时间，正如我在《创业家》的专栏里提到过的一个画面：在加拿大深秋的下午，我坐在院子里，盯着一片落叶，从它开始飘下来到真正落到地上，大概有一分钟的时间，我就一直盯着。

设想一下，这是一种多么无聊的心情。那一刻我告诉自己，再也不要过这样的日子了，必须要给自己一个时间表，不能再无限制地想下去，因为人不可能等到一件完美的事情出现再去做，更需要做出一个决定。于是我开始做减法，把不想做的、不能做的，一项项划掉，我要在想干、能干和可干之间选出一件有交集的事情。

我想过很多事情，2007 年我就想做移动支付，2009 年想做电子阅读，2010 年想做基于通讯录的社交……但什么是我能干的？对我来讲，我懂一点互联网，也懂一点传统行业的做法。什么是可做的？一定是符合未来发展的趋势，且巨头不会介入的行业。想来想去，只有易到这件事情。“车”虽然不是我最热爱的，但可能是适合我的。

我与易到的上半场

2010 年我回到北京，5 月易到成立。这一年，后来被称为中国互联网元年，也是这一年，几乎在与易到成立的同期，优步于旧金山上线。彼时，我们都不知道对方的存在，所以易到是完全的原创。做一件从未出现过的事情，也许挺光荣的，但当时真的没几个人觉得这事儿靠谱。如果仅仅因为别人说不行，我就轻易动摇，可能就没办法创业了，我必须倾尽全力一试。

创业，首先要解决“人”的问题。在一切都是0的时候，说服别人加入是个大难题，这时创业者只能从身边的人开始找起，我也一样。有商业规划书还不够，最难的是说服家属，让家属知道我是一个靠谱的人。后来，我就让合伙人家属面试我。就这样，我的两个创始合伙人汤鹏和杨芸相继加入，再后来有了COO（首席运营官）、CFO（首席财务官）、CMO（市场总监），然后他们带着各自的团队加入，易到的“骨架”算是搭起来了。回过头来看，那时候别人对你的信任，都应该报以感恩之情。

易到有了团队，有了App，一步步从0走到0.1、0.2……直到2011年8月易到拿到第一笔融资，有了第一次起步，我们在市场上做了全面推广。易到要做高端的专车服务，让商务人士随时随地能打到专车。我曾经描绘过一种理想情况，不管是在北京的CBD（中央商务区），还是在新疆，在西藏，只要用户叫车，易到就能做到接单。只是，理想很丰满，现实很骨感，不仅没有做到100%接单，易到的订单量也远远没有达到预期。那个时候，我甚至怀疑过做这件事情的靠谱性。2012年春节，我和好友连长（航班管家创始人王江）喝酒。我问他：“你说我做的这叫什么事儿？”他说：“我也不知道。”我又问他：“要不换个方向试试？”他说：“那就试试呗。”

那就试试吧！2012 年痛定思痛后，易到调整了方向，重新起步，抛弃了早期的 POS（销售点）机，采用 App 绑定信用卡，从时间计费改为时间 / 路程计费直接面向 C 端。这次变革让易到形成了完整的交易闭环。不久，易到又有了第二次突破：2013 年，战略投资方携程入股易到。所以，从 2012 年到 2013 年年底，易到过了一段好日子，有了稳定的获客来源，还一直保持着 80% 的市场份额。

《创业维艰》的作者本·霍洛维茨曾用这样一句话总结他的创业时光：“在担任 CEO 的 8 年多时间里，只有 3 天是顺境，剩下的 8 年几乎全是举步维艰。”好日子不长，行业就出现了新的变局，DD 和 KD 相继从打车业务切入。

即便这样，我们依然认为自己把握得最准，觉得网约车是一个小众市场，易到提供的就应该是一个高品质、差异化的服务，而且在中国挑战出租车行业政府管制的体系是不可行的，所以一直以来易到做打车业务是三上三下。

2014 年，移动支付把打车当作前沿阵地，巨头的加入让打车市场迅猛加速。即便这样，公司 C 轮融资的时候，我们本有机会拿到非上市融资里面最大的钱，但我们没要。没过几个月，那笔钱就到了竞争对手手中，这导致易到在之后的补贴大战中过得很悲惨。

一年后，O2O（线上到线下）行业迎来史无前例的补贴大战，早期我们的做法是决不参战。那时候，我们不喜抄袭，不好价格战，对手做我们就不做，觉得政策不会允许这样打下去，结果教训很惨痛。完美的轮子，就是没有带缺口的轮子跑得快。竞争对手巨额补贴背后的窟窿，不仅被一轮接一轮的融资填补，还收获了大量用户和庞大数据。

等到加入后，易到已经缺失了一大块市场份额，而资本已经不允许我们继续打下去，彼时已经跌落到 DD 之后。回过头来看，在互联网的世界里，差异化服务、会员体系、强有力的资源，这些都不如流量和价格战。

仗已经打不下去了，那会儿我还带着团队坐火车去了延安，寻找精神的力量。但精神无法在短期内转化为物质。在这场 200 亿的烧钱大战中，形势急转直下，这才有了 LS 与易到的结盟。2015 年 10 月起，LS 启动了对易到的并购式投资。那个时候我的心情很复杂，一方面觉得公司终于有救了；另一方面，作为创始人，签字交割的那一刻，心里知道公司从此不是自己的，但还需要继续为它的前途和命运担心，继续守护着它。

有很多人都问过我，为什么要在那个时候选择 LS？放在那个节点上，我没的选。但当时的我一定是做了我认为可能是最好的选择。只是回望过去，有很多地方值得反思。某种程度上，LS 的入局确实让易到有了一丝喘息之机。2016 年，在很激进的方式下，易到得到了阶段性的改善，但是也埋下了一颗毒瘤，以至于这之后发生了一系列备受舆论关注的事情。其实，并购没多久，LS 团队就入主易到，对易到董事会和管理团队进行了相应改组，公司控制权逐步落入他人之手，我和原始合伙人相继退出管理层。后来又因为众所周知的原因，易到受到牵连，再之后，我和合伙人正式辞职离开。

我曾经写过一篇文章《一个创始人眼里的〈师父〉》。这两段从南到北的创业经历，就像电影《师父》中南派宗师陈识想要立足天津开武馆，在各种规矩和复杂情势面前，他也许认为时不我待，也许急于求成，但在离开北方的火车上，他依然怀抱着希望。于我自己而言，从传统行业到互联网创业，有别人口中少年得志的时刻，也有行业开拓者的标签；有安然挺过竞争的时刻，也有竞争对手从小蚂蚁长成大象让自己无法喘息的时刻……总之，不管是民企野蛮生长的灰色时期，还是残酷的互联网创业屡屡打破规矩之时，创业的 20 多年，我都经历过，因此认为自己创业经验还算丰富。但是，易到这一段让我严重受挫，我产生了极大的自我怀疑，甚至认为自己很失败，觉得自己做什么都不对，什么也没做好，尤其是以前觉得自己至少在战略方面还是不错的，可是易到的经历甚至让我怀疑自己的战略能力是不是最差的。

也许易到这件事让我表面看起来没什么问题，实际上内伤特别严重。那种失败和过度否定自我的情绪始终笼罩着我，这促使我停下来，想好好地想一想创业到底是怎么一回事，领导力是怎么一回事儿……突然有一天我开悟了，觉得自己接受了失败，我一下明白，要想重新创业，首先要从学习失败开始。

我既不满足于自己过往创业经验中的认知，也不迷信权威，不是赶紧找书看创业到底是怎么回事，而是从自我的经历中进行了一个很深度的向内的自我反思，试图走出 20 多年创业认知的局限，然后形成自我的充分思考，这也是我写这本书的起源。

我们如此恐惧失败

重新理解创业，首先是从如何理解失败开始。还记得湖畔大学创办时，他们找我沟通，说湖畔大学专门研究失败，这句话非常打动我。我一直认为，成功其实没什么好学习的，因为成功者所具备的天时、地利、人和，这一切都难以复制。相反，我隐隐约约觉得，学习失败才是真正有意义的事情。但是，我们到底为什么要学习失败，怎么学习失败，从中学习什么？对此我似乎一直没有找到清晰的答案，即便在湖畔学习的这几年，我们也从来没有完全真正系统地学习失败。

中国人总是忌讳谈论生死，一说起死亡就避而不谈，觉得晦气。同样，一个人或者一家企业的失败，也一样避而不谈，大家认为只有 loser（失败者）才会天天把失败挂在嘴边，大多数人只会谈论成功，学习如何才能成功或者更成功。在中国，就是这样一种成功动机过剩的氛围，我们特别崇尚和追捧成功，追随一切当下最红的公司、模式、热词，我们的眼中只会聚焦那些成功者。

和成功的待遇截然不同，这个社会又如此厌恶失败、鄙视失败。我们耻于谈论失败，甚至会讥讽一切失败的现象、失败的人。我们经常冷眼看着一家面临崩盘的公司走向灭亡，然后说："我早就知道如此，你看，应验了吧？"眼见他起高楼，眼见他楼塌了，大家对待失败大抵都是这般吃瓜群众的心态。

我们如此鄙视失败，却唯成功马首是瞻，追随到底。成功者走在前面，证明了自己的模式和方向是对的。于是一些人开始抄袭他们的商业模式，模仿他们演讲的风格，甚至开始模仿他们的生活方式，幻想着做同样的事情也能成功。

但是夜深人静的时候，我们可以想一下这种"唯成功至上、厌恶失败"的环境最后让我们变得怎么样了。它让我们放弃了独立思考，放弃了真正的创新和探索，只敢去追求成绩，没多少人敢尝试，成功了还好，一旦失败就会被别人看不起，然后就陷入自我否定、内心无比焦虑的状态。我们不妨跳出这个环境，换个角度重新思考，从中你会发现美国创业文化中很重要的一部分是对失败的宽容。而且这种宽容，不仅没有影响到他们的创新，反而鼓励了创业者尝试和冒险，极大激发了创新。

如果一个社会
还在耻于谈论失败、害怕失败、排斥失败，
只崇尚成功的话，
我们不太可能有探索意义上的创新。

中美对待失败的差异

我在中国创业二十多年，也去过美国很多次。近十年来，中国的互联网行业从经济总量上来计算，已经快速接近美国，在不远的将来甚至会将其超越。这两个国家给我印象最深刻的地方不是经济上先进和落后的差异，不是开放和混沌的差异，而是中美创业创新文化上的差异，这种差异最核心的表现是对待失败的态度。

没有人会乐于失败，但是我们会看到，在美国人们会以平常心态谈论和面对失败。埃隆·马斯克固然把创业形容为“一边嚼着碎玻璃一边凝视深渊”的残酷过程，因为确实需要付出极大代价，然而，在三次发射火箭失败之后，他仍然获得了第四次发射的机会。这一次，他成功了。

也许大家是因为他成功了，才对他前三次的失败正眼相看，但很多时候，失败就是一种常态。我看过一部美国电影《醉乡民谣》，记录美国20世纪60年代民谣浪潮中的一位民谣歌手。导演科恩兄弟没有刻意地讲述一个励志的故事，就是从开头到结尾一直在“折磨”主人公，总是让他经历“演出—收工—挨揍”的循环场景。主人公身边围绕着各种在他眼中低俗得不可理喻的表演者，却一个接一个地获得成功，但是他自己因为性格上的不谙世事和艺术上的不肯妥协，最终也没有出名。可是他放弃了那样的追逐，坚持做自己心中的艺术，因为那是真实存在的。即便他没有世俗意义上的成功，导演还是给出了这样的关怀：“你是谁不重要，重要的是，你是浪潮的一分子。”因为在民谣浪潮中，他的存在必不可少。

我们再去看历史好了。在硅谷博物馆大厅的某个角落，摆着一台硕大的机器。因为外形古旧，甚至看不出来是干什么用的。看机器旁边当年的广告画和简介说明才知道，这台像商用复印机那么大的机器，竟然是最早的家用计算机，放在厨房里，供家庭主妇们记录菜谱之用。可想而知，这么不实用的家伙的确很难风靡，很快便销声匿迹。

再拐一个弯，就看到施乐实验室开发的家用电脑，也是因为成本过高，功能过于简单，失败了。再拐两个弯，是第一代上市售卖的苹果电脑。在乔布斯手里，它开启了一个时代。

我们看到在大厅里展示的许多硬件和机器，在当年根本就不是什么成功的发明，更不用说赚大钱了，但就是这些发明，打开了一扇窗，启发了后人的智慧和热情。这中间，你不过拐了两个弯，将近 20 年的时间就已经过去了，而前人“失败”的点子终于在后人手中“成功”。

硅谷的商业文明正是在这一代代人的努力探索中向前。而现在，我们又开始谈论，苹果公司是否已经丧失了创新的活力，那下一个数字英雄会是谁？历史就是这样循环往复。

回溯科技史，我们发现推动行业发展的产品，并不全部都是成功的，失败在其中的作用举足轻重。正是那些失败的产品成为革新的养料——失败的尝试也是历史中群星闪耀的时刻。这样一看，所谓的失败是多么美好的事情，这是失败对于我们全社会的价值。如果一个社会还在耻于谈论失败、害怕失败、排斥失败，只崇尚成功的话，我们不太可能有探索意义上的创新。所以，如果你希望这是一个创新的国度，一个创新的社会，那么我们必然需要重新定义失败，重新理解失败。

失败是一种宿命

有很多人问，学习失败，是为了避免失败吗？我觉得恰恰不是。

创业就像跳高比赛，如果以探索和挑战为终极目标，那么失败就是一种必然的宿命。当你知道失败是创业的宿命的时候，就会全然地接受失败，才会有一个要从失败中去学习的心态。你可以成功地攀上一个高峰，让所有人为你欢呼；你也可以就此谢幕，自此离场——但如果你想不断攀越更高的山峰，跨过人生的极限，从终极意义上讲，你的宿命就是失败。

在 20 多岁第一次创业的时候，我犯了很多很多的错误。当时我聊以自慰地说："这太好了！在年轻的时候，付出这么小的代价，能犯这么多的错误，学到这么多的东西，以后我就可以避免犯这些错误了。"可是在后来不断创业的过程中，我还是不断在犯错，有新的错误，也有老的错误。后来我才发现，错误和失败几乎是无法避免的。我们学习失败的真正目的在于，面对它，接受它，解决它，放下它，然后从中成长，让自己以后生活得更好。

于是我总结，学习失败的真正意义在于，我们可以坦然面对失败、接受失败、解决失败、放下失败，而不是避免失败，因为任何人都避免不了。失败几乎就是生命的一部分。拒绝失败，就是拒绝生命本身。这也是失败对我个人的意义所在。

那么，到底什么是失败？我问过很多所谓的成功人士，在你过去的生涯里，有没有什么失败的时刻或者失败的感觉？我发现每个人或者每家公司都有自己的"至暗时刻"，奇怪的是当我们在谈论一家已经消亡的公司时，会认为它是一家失败的公司，会像智者一样去点评，大说特说它曾经犯过怎样怎样的错误。但是，假如回到10年前，回到它所处的那个辉煌的时代，我们还会想到它的失败吗？好像很难。

最近一次，我又跟朋友们一起讨论失败这件事。某个手机公司，它推出了一个低端系列，被认为是一个败笔，因为这个系列极大地伤害了品牌本身。但反过来想，如果不做低端系列，它会有这么大的用户量吗？它的商业模式能成立吗？世界上没有绝对的正确和错误，也没有绝对的成功和失败，更没有绝对的强大和脆弱——无论从得失的角度还是时间的维度，都是如此。

村上春树在《挪威的森林》里，开篇就借渡边之口讲，死不是生之对立，而是作为生的一部分永存。我想，失败和死亡一样，失败也不是成功之对立，而是生命的一部分，失败甚至是成功的一部分。

人性中对死亡就是恐惧的，尤其是权力集中的统治者，所以才经常会有长命百岁的妄念，可我们知道生命的常态是死亡，所谓的生不过是瞬间。某种程度上期待长生不老是对生命没有敬畏之心，结果是既没有享受当下，也失去了未来。我们对于生命和失败恰恰需要怀有敬畏之心，要意识到，失败是一种常态，没有企业可以长命百岁，企业的终极宿命跟人的生命一样，会经历出生、成长、青壮年的强壮、中年的瓶颈、衰老直至死亡，关键是你怎么看待这件事情。

世事无绝对，成功无绝对，失败无绝对，活法无绝对。这个时代，我们尤其应该重新理解失败，重新定义失败，重新谈论失败，把失败当作重启我们生命观的引子。倘若把这件事情解决，哪怕只是部分解决，都是我们这些创业者对社会莫大的贡献，也希望我们这样的角色，我们的重新理解，如一种陪伴，对正在创业的你有所帮助。

第一章

重新理解战略

战略对任何公司来说，都是决定命运走向的关键问题，但我们都知道，找到一个真正好的战略往往是很难的。尤其在今天高速发展的互联网环境下，技术更新迭代的周期加快，竞争之激烈前所未有，资本环境也瞬息万变……战略规划的难度被大幅提升了。

概念先行还是问题驱动

为了找到正确的战略，第一个问题需要弄清楚我们的战略应该从哪里出发：到底应该是概念先行，还是问题驱动？

什么是“概念先行”？互联网这个行业发展很快，几乎每年都出现新的概念、新的名词，让人眼花缭乱，比如新零售、消费升级、共享经济、知识付费等。大家很容易把这些新概念当作必然发生、必然正确、必然有价值的趋势，甚至想当然地将这种趋势当成自己的战略目标去追求，还有些人会为了追赶这些新概念而去创业。

我就见过一家卖饮料的公司，居然说自己的战略是“引领消费升级的趋势”。虽然消费升级可以说是中国社会当下的一个大方向，但是作为一家公司，把自己的战略定位为“消费升级”可能就会有问题。比如卖饮料，也许更应该考虑的是如何解决用户的需求，能为用户提供什么样的差异化产品，能带给用户怎样独特的体验。

我们再看星巴克是怎么做的。2016 年我去了一次西雅图，在那里见到了星巴克创始人霍华德·舒尔茨先生。在同他的交流中，我得到了很大的启发。星巴克本身是一个传统的连锁餐饮服务企业，没有太多技术含量。但是，当你走进星巴克，也许你从来没有把它当成一家卖咖啡的商店，无论处在其空间中还是体验其产品，你得到的是有温度的产品和服务。在这里，你可以休闲啜饮，也可以商务会谈，就像人们常说的“不在咖啡馆，就在去咖啡馆的路上”。在中国消费升级的背景下，星巴克顺势开了两家规模极大、内容极丰富的咖啡烘焙工坊，甚至成为一种文化现象，这就是区别于对手的差异化体现。

回过头来我们再说概念先行，其实这是蛮讨巧的一种做法。人们总是觉得复杂的思考过程和逻辑太费劲儿，最好直接得到一个结论。如果这个结论是新鲜的概念或是名人说的，就太好了，这基本上就是一个创新、一个新的机会和一个值得追随的趋势。所以我们总是乐于创造和跟随新概念，但我认为很多新概念可能本身只是一种设想、一个愿望，远远不是一个确定的趋势。如果自己接受了表面的新概念而放弃了真正的深度思考，很容易忽悠了自己，甚至无意中已经开始用这个概念去忽悠资本、忽悠用户，并乐在其中，沉醉在率先获得新知的光环中。这种概念先行的创业，很容易让创业者在关键问题上面临困境，因为他们根本不知道自己到底要解决的问题是什么，也不知道这个新概念是不是解决问题的最佳路径。

如果说“概念先行”有这样那样的问题，那什么是“问题驱动”呢？以易到为例，我们当初的出发点是真正从解决问题本身出发的。当初我想要做易到，也没有说要去追赶移动互联网或者是 O2O 的浪潮。我的初衷就是要解决问题。我关注到身边的问题，比如说出差打不到车，我就想是不是可以有更好的技术手段去解决这个问题，于是我模糊地感觉到可能基于“智能手机 +3G 网络”能够提供一个在云端的虚拟车队的可能性（易到在工商局注册的公司名字就叫“东方车云”）。

从解决问题的角度出发解决真实存在的需求，这样的出发点可以帮助创业者明确创业中的关键问题。除此之外，用问题驱动还有一个好处，就是你对这个问题会有真实的关切和体验。当你真心实意想解决这个问题的时候，它就会成为你创业中内心一股长久持续的动力，也就是我们常常说的不忘初心。如果你的出发点只是要抓住机会，以新的概念为出发点，而没有真正的初心，就会很容易放弃，这可能就是我们常说的“投机”。

所以，我认为你在思考启动一件事情的时候，最好是问题驱动，而不是概念先行。现在我作为一个投资人，特别关注的就是创业者为什么要做这件事情，创业者内在的驱动力是什么。如果他说我这个项目是 VR（虚拟现实技术）、AI（人工智能），只有一个概念，那他解决的问题其实是很模糊的，我可能就会认为他容易陷入概念的陷阱里。

甄别需求的真伪

既然创业的出发点是解决问题、解决需求，那么接下来的问题就是如何去甄别需求，即这个需求是一个真需求还是个伪需求？

很多时候，创业者容易有执念，觉得自己想到一个主意，就会有相应的需求。但这个需求可能只是一个非常个人化的需求，甚至都不是一个真实存在的需求。这样的创业项目比比皆是。

我有个朋友说自己要创业，想做一个搭载在互联网上的祭祀园。他说爷爷走后一直心怀思念，可又不知道去哪里纪念，所以产生了这个想法。我很尊重他的想法，但直观感觉这并不

不能为了追赶新概念而去创业，
而应该考虑的是如何解决用户需求，
能提供什么样的差异化的产品，
能带给用户怎样独特的体验。

是一个普遍的需求，于是我建议他试试其他项目。最后他没做祭祀园，选择了一件在市场上有着更大需求的事情并坚持做了下去，现在也取得了巨大的成功。

所以，判断一个需求是不是真需求、是不是高价值需求很重要。对此，我也总结了三个标准，即强烈、普遍和频繁。

第一个标准是强烈，就是用户愿不愿意为这个需求付费，愿意付多少钱。不愿意付费，说明用户对这个需求的强烈指数较低；反之，如果愿意付费，说明用户对这个需求的强烈指数比较高。

第二个标准是普遍，就是有足够多的人存在这方面的需求。

易到当时在强烈标准上没有问题，因为用户愿意付费，但在“普遍”这个标准上出了问题。长期以来，我们给产品的定位和战略都是针对商务人士，而不是面向全网人群。事实上，一个互联网产品与传统服务的最大区别就是它可以打破层级、跨越地域限制地去满足更多人的需求，这是互联网的本质价值。

现在很多新出现的服务业态都存在这个问题。创业者往往把用户描述得很清晰，但发现获客极其困难，成本也很高，有时候花几百元甚至几千元都得不到一个顾客，最后还给自己下了个结论：“我的产品特别好，用户群也很精准，现在只需要解决营销问题，就能把客户找出来。”

那个时候易到也有这样的问题。我们定位的人群是一部分人，尤其是商务人士。记得当时与一个知名投资人见面，我把易到能做的事情告诉他，他还有点不屑。我说你肯定会用到易到的。结果他很快打电话说司机春节回家了，去机场没有人接送，问我这段时间可不可以用易到。我说易到全年无休提供服务。

我认为有这样需求的人很多，所以也很自信，就在营销上全方位推广。可我想不通为什么获客还是很困难。现在想来不是营销的问题，而是战略的问题。虽然用户是存在的，但就像海里捞沙一样，很难捞到精准的用户。

如果你在创业的时候像当时的我们，把很多问题归结为营销问题，就要格外小心。实际上很可能是你在战略上出了问题，你的产品需求和定位就不应该那样设计。如果你需要用钓鱼的方式一个一个地“捞”用户，那说明这件事情本身就错了，你应该是用大网去捕鱼，而不是用鱼竿去钓鱼。

第三个标准是频繁，需求本身应该是一个高频需求。如果你找到一个大众的、强烈的、频繁的需求，这个生意将会非常梦幻。当然，同时达到这三个标准的生意不容易找到，但若同时达到这三个标准，一定会产生另外一个副作用，即这个生意必然会是超级红海，你必须要面对非常激烈的竞争。

任何一个创业项目都不可能完美，我们也没有必要试图去找到一个完美的创业项目。你心里应该清楚这个项目的强弱项，明确项目的独特性，以及它将面临什么样的成长环境、成长速度和竞争环境，然后以此来制定相适应的战略。

如果你判断这是一个大众需求的产品，比如打车，那么到了后期，这个市场已经足够大众、足够高频、足够刚需，你就应该清楚地知道要面临超级激烈的竞争，然后再相应地调整自己的战略，应对竞争。

作为创业者，我们不要总认为自己的需求绝对存在、绝对真实。一个创业者自身的需求、个人的洞察，不见得有普遍性，特别是现在的创业者越来越精明，你的需求反而可能是非常个人化的。

完美的宏大和简陋的快捷

很多人都有一种不自觉的完美主义倾向：服务体验要完美，商业模式要完美。一件事情说起来严丝合缝、滴水不漏，才觉得这件事情是对的。我自己就是这样，遇到的很多创业者也是如此。

完美当然好，但导致了一个问题，就是什么都想做。于是你可能会同时做很多件事情，易到也走过这条路。打车这件事本身就比较复杂，如果还要追求完美，那我们得同时做多少件事呢？首先，得有车，还要有足够多的车，不然密度不够；其次，还得服务好，有烟味的车不行，不好的车也不行；再次，光车好不行，司机也得好，说话有口音不行，不认路不行，态度不好还不行。

最后，除了线下好，线上也得好。App 要设计得好，支付还得顺畅，算法得匹配完美。我们当时甚至还设计过一个理想模型，就是司机从早上一出门，在家就近接个单，每张单之间空驶距离近乎为 0，最后再匹配一个回家的单，一天下来至少接 15 个单，这就趋近于完美。于是我们投入了很大的人力想做出一套完美的算法，结果一个项目直接干了一年半，但几乎啥也没做出来。因为这个模型过于复杂，特别是当你没有足够的订单、没有足够的车辆，就算有一个完美的模型，也没法匹配。何况当时一共就几千辆车，怎么做算法的优化呢？

其实，我们是给自己制造了很多问题，而且都是些伪问题，反倒无形中增加了大量的前置任务，搞得自己无比忙碌，整个公司上下也都特别忙。这看起来是一个红火的创业公司景象，大家也都在拼命地解决问题，实际上是自己先拼命地制造了问题。

到了 2012 年，我们和所有股东开了一次会议，也是很重要的一次反思。这次会议之后，我们放弃了继续改善的想法，把之前一系列复杂的问题做了简化。我们放弃了智能匹配，并将之改为让司机抢单；放弃了复杂的计费模型，也放弃了 24 小时的 400 客服电话；砍掉了线下的营销部门和服务部门，集中所有兵力做线上 App。

压力之下，我们有了很大的改变，但本性没变。跟 DD 对比一下，反差也很明显。DD 最初的 App 也很简陋，只是简单地撮合了用户和出租车司机，没有收费，也不计费，更谈不上商业模式。当时他们估计也没想清楚未来的商业模式是什么，但他们最快做出了产品，最先跑了起来。

我跟湖畔大学的曾鸣教授经常讨论战略问题。他的看法是，现在的战略肯定不是规划出来的，比如未来三年的战略，肯定没法规划出来，因为市场环境变化太快，时间已经被极大压缩，一个行业可能在三年的时间中就从诞生走向了消亡。真正的战略是跑出来的，只有先跑起来才可能知道你的战略是什么，然后不断迭代。

所以今天的创业者应该彻底放弃一个思想——战略的规划。不用一开始就想着把事情做成一个很宏大的系统，也不要觉得慢是有道理的。这种打法，只会让自己掉进坑里。慢，就说明你的战略有问题。为什么？我们通常把慢归结为执行力的问题，其实不是。如果一件事情复杂到只有极少数的人才能完成，就说明这件事情的可复制性和执行力都极差。

一个战略听起来很宏大，但是如果难以执行，就不是一个战略，可能仅仅是一个美好的愿景。战略的价值，是要把一个愿景变成当期可执行的任务，是当期总体行动的指导。一个好战略必须是普通人也可以做的；一个坏战略，哪怕有一流的执行，也不容易做好。很多时候 CEO 和创始人说执行力不够强，其实是在推卸战略决策的责任。

我们会看到一些执行力很强的团队，比如 DD，大家公认它赢在执行力强，足够“狼性”。可大多数人没看到，执行力强只是表面，背后一定是战略对了。DD 的战略肯定不是要先打磨一个完美的模型出来，而是保证最基本的功能——先跑起来。到执行的时候，团队的目标就会很清楚，不会同时做很多件事，自然就有执行力，并狼性十足。

一个好战略，一定不是听起来特别宏伟、前景特别远大，却让团队无从下手；一个好战略，一定是好理解且容易执行的战略。这是区别好战略和坏战略的一个分水岭。

战略的维度

上文我们总结了战略思考中的几种常见问题，那么，到底要如何找到一个好战略，我觉得可以从以下几个维度入手。

第一，忽略小数点以后的努力。

一直以来，易到其实还是蛮有创新精神的，包括我们的团队，做了很多看起来酷炫的事情。我们很早就搞过试驾，想通过用车走出一条汽车电商的路。我们还做了很多营销活动，比如在车上读书，还有跟河狸家合作搞美甲车，这些都是很有创意的营销。可是我现在认为，这些都是小数点以后的事情，根本没解决战略问题。

很多创业者都有这个问题，特别喜欢谈合作，做市场活动，搞得很热闹，其实根本没多少实际的作用。我现在特别反

一个战略听起来很宏大，
但如果难以执行，就不是一个战略。
战略的价值，
是把愿景变成当期可执行的任务，
是当期总体行动的指导。

对初创公司搞商务拓展，其实一个初创公司没什么好拓展的，除非能和巨头合作。可巨头为什么要跟你合作？对于一个初创公司而言，一方面没法和巨头达成合作，另一方面即便可以和同量级的公司合作，但是草根之间的联盟又有什么意义呢？所以我才说处于初创阶段的创业公司，前期的公关和拓展都没有太大意义。

在一个新点子冒出来的时候，我们先要甄别一下，这是个什么级别的思考。如果只是把事情从 9 分变成了 9.5 分，这就是花很大力气去做小数点以后的事，没什么太大用处。可我看到的现象是，绝大多数公司都在努力做小数点以后的事。

第二，学会做减法。

我们经常看到一些公司连开好几天的战略会议，最后形成了下一个季度的十大任务，定了很高的关键绩效指标，每个人领任务回去，但真正的战略根本没想清楚，最后什么也做不出来。

一家公司，特别是创业公司，一个时期只能有一项关键任务，同时做 10 件任务，资源一定不到位，思考也一定不够深，执行必然会大打折扣。并发多项任务，也会消耗巨大的资源，对于一家创业公司而言根本消耗不起，更会对团队的士气造成极大损耗。一场所谓的战役打下来，几件大事做下来，钱花了，事干了，人也耗进去了，收效甚微，士气低落。于是大家就去找外部的原因，要么是竞争对手太厉害，要么是公司资源不够，要么是团队执行力不行，结果士气持续低落，形成了恶性循环。

当时在易到，这个关键任务我们也没找对。回过头来看，网约车这件事情的本质是运营驱动。首先得在线下铺足够多的车，才能在一个城市里有充足的运力，保证用户一叫车就有车；同时也得有足够多的用户，不然司机也会跑，这就需要强补贴，引导用户，把用户拉过来。这些事情都没做好，反而先去搞一堆市场活动，做表面酷炫的东西，其实是没用的。所以说只有把本质问题找对了，才能明确关键任务是什么。

真正的战略思考是极难的，千万不要用行动上的勤奋来掩盖战略上的懒惰。一个创业者是不是勤奋，是不是晚上 12 点还在加班，这些不是最重要的事情。只要事情做对了，战略找对了，后面的事情也就对了。

所以我们要认清楚业务的本质，只有这样才能确定公司在某个时期的关键任务是什么。关键任务清楚，公司上下才能形成共识，把全公司之力放在一件事情上。

第三，警惕平面拼图型战略。

什么叫平面拼图？就是拼模块，不断把核心能力复制出去。比如，如果一家公司不管是做团购、做外卖，还是做电影，都是用同一个方法论，就是找到另外一个同样大的市场，去做平面扩展，把能力复制出去，形成大的拼图。这是平面拼图型的战略思维。

你会看到平面拼图型的战略背后，一定会在每个领域都面临竞争。所以，你的能力是否足够支撑你在每一个战场对各自的强敌形成巨大的竞争力，这是个挑战。不能说平面拼图型战略一定有问题，但我认为这样的战略本身就是个挑战，所以当你想要平面扩展的时候一定要谨慎。

找到一个好战略并不容易，因此公司的核心战略要清晰。当你发现一个好战略的时候，也不要轻易地去调整。你会发现很多成功的公司，在战略上都很克制，没有做各种眼花缭乱的事情。

苹果就是卓越战略能力的代表。它的战略能力就体现在它选择做什么、不做什么。苹果选择不做的是什么？电视。苹果从来不惧怕红海，也从来不会率先发布需要教育市场的产品，它选择的都是一个空间足够大，同时缺乏颠覆性突破的市场，一旦时机成熟，它就会出现。苹果不做电视的原因，恰恰是因为无法对用户的体验形成颠覆性的突破，所以干脆就不做。即便苹果现在已经有了 Apple TV（苹果一款高清电视机顶盒），再做一个整机，不说占领整个市场，拿下 20% 的高端市场肯定是没问题的，但在这样的事情面前，苹果选择克制，没有去做。

苹果选择去做的是什么呢？耳机。苹果发布 AirPods（苹果一款无线耳机）的时候，耳机市场早就是一片红海。苹果是怎么思考的？它要提供一个具有足够颠覆力的产品。为了这款耳机，苹果买了一家芯片公司，自己重新写了一个蓝牙通信协议，也因此实现了两项技术性突破。第一项突破是真无线，我们过去用的无线耳机是假无线，因为左耳和右耳之间的通信还是有线的。只有 AirPods 实现了真无线，这是很难的。第二项突破是苹果在这么小的耳机里面实现了充电，这在技术上更是难上加难。所以，目前 AirPods 的交付也不能完全跟上，长期缺货。即便如此，由于给用户的体验非常好，AirPods 在缺货的情况下也卖出了 1000 多万副，其利润率估计能达到 90%。最让人绝望的是，耳机厂商都能看明白，但根本做不出同类产品。因为技术含量太高，需要极大的投入，也许好几年才能做出来。

苹果这种战略能力和技术前瞻性，一定进行了深入的思考，研究了用户的需求，同时进行了长期投入，最后做出来的产品，一招就改变了行业格局。苹果在战略上的克制，说明它在战略上是极其清晰的。成功的公司都有这种共性，它们可能不会经常发布新产品，发布的产品看起来极其简单，可是一旦发布之后，通常就能取得巨大的成功，而且都是改变行业格局的大动作。脸书的“Like”（点赞）按钮也是如此。

战略思考要摆脱战斗模式

思考战略的时候肯定会考虑到竞争问题。这时候，虽然竞争是生死问题，我们要无比重视竞争，但在战略思维上，一定要摆脱竞争的战斗模式。如果老是被短期的对手、市场的关注度来左右战略，你一定会跑偏。在思考战略的时候，我们最好摆脱局部阶段竞争思维的影响，从而去关注长期的用户价值。

所以，在思考战略的时候，要尽可能做升维的战略思考。这个升维指什么？就是先跳开眼前的这些困扰、诱惑，去关注用户的长期价值，关注用户最本质的需求，尽可能去做最接近本质的事情。只有这样，才有可能找到一个真正的好战略。

第二章

重新理解竞争

竞争对我来说是个很重要的话题，很多人觉得易到是被竞争对手打败的，但今天回头看，并不完全是这样。

2010年易到上线的时候，根本没有所谓的竞争对手，因为易到开创了一个新行业。从2010年到2012年，大概有一年半的时间，我们都在独自奔跑。但到了后期，当一个个新的竞争者杀入这个市场时，我们在面对竞争的时候确实犯下了不可饶恕的错误。

按理说，我们有这么长时间的领先期，足够掩盖掉很多错误，让别人很难再打败你。但最后胜出的却不是易到，说明我们肯定在竞争中犯了一些错误，这也促使我今天重新理解竞争。

先行者姿态

创办易到的时候，我不是一个年轻、没创过业的人。第一段创业做天创数码的时候，我就面对过激烈的竞争。那时候我们还很弱小，但跟两个强大的对手打过两仗，我都赢了。

第一仗大概是 1997 年，我们跟大中电器打。人家大，我们小，那个时候打的也是价格战。我出手狠，不仅不赚钱，而且赔钱卖。大中电器当时就接不住了，所以在那次局部战争中，我战胜了大中电器。

1999 年，我们又跟万科打了一仗。万科当时是一个多元化的公司，其中的万科贸易也做专业视听设备销售。我当时做索尼的代理，所以我们之间也打了一大仗。打到不可开交的时候，万科突然宣布全面实行专业化，结束多元化路线，把跟我们直接竞争的万科贸易公司彻底关了。这仗打到最后是不战而胜。

这两个例子说明我不是不会打仗，至少能够应对竞争。后来我就想，应该是在易到时期，我的心态出现了问题。第一次创业的时候能打，是因为我根本没退路，如果不打，任何机会都没有。所以那个时候的进攻和竞争，对我来说是生存的必要条件。

虽然易到遇到了很多竞争对手，从摇摇招车、大黄蜂，到后来的滴滴、快的、优步中国等，进来这么多竞争对手，可我的心态一直没有摆对，一直都是先行者的心态。

2013 年，我给公司内部发邮件，还在跟大家说我们是一个行业的领先者。我当时这么想是因为易到在刚创办的那两年，绝对是一个梦幻般的创业公司。那时候中国移动互联网刚刚起步，易到的需求是真实存在的，用户愿意买单，我们也有完美的商业模式，能够形成消费的闭环。所以当时我看别人，就会觉得别人是晚辈，入行晚，估值比我们低，融资拿得也比我们少，没什么商业模式，团队也不如我们高级。不自觉地，我就有了一种俯视的心态，这直接导致在面对竞争的时候，我的心态跟第一次创业有很大的不同。第一次创业，面对竞争对手我是弱小的，所以可以打得很猛。但到了易到的时候，我把自己摆在先行者的位置上，让我们忽视了很多问题。下面这封内部邮件很好地说明了我当时的心态。

各位同事：

请大家记得今天，这个普通但对易到意义非凡的一天——2013 年 3 月 22 日，易到的第二条业务线（出租车）正式成立，新的独立团队正式起航！

把 easy go（易于出行）作为企业使命的易到，开创了中国出行 O2O 这一全新的服务领域，对此，我深感自豪和骄傲。易到两年来的实践，更加证明了 O2O 模式的服务和商业的可行性，并引发了风险投资界对这个领域的普遍关注，以及激发了后续无数的跟随模仿者。

把 easy go 作为企业使命的易到，选择了用户需求强烈、商业模式清晰的商务车为切入点。但同时，易到始终关注和思考各类人群在便捷出行上的需求和产品创新。出租车作为服务大众的普遍需求，自然很早就落入了我们的视野。为此，我们在2011年7月就做出了“打车小秘”这一实验性的产品。后来，出于业务资源的专注要求，以及对可能的商业模式的思考，我们选择优先聚焦发展商务车服务的策略。

随着智能手机的快速普及和语音技术的进步，直接搭建用户与司机之间服务平台的条件已经趋于成熟，市场上出现了被客户接受的类似产品。在这种形势下，重启“打车小秘”就成了一件“本来就应该干、现在必须要干、将来必须干成”的事了！

有人说：市场上已经有了看起来不错的产品，而且他们已经跑了好远了。我们凭什么追赶，甚至超越？面对这样的挑战和问题，我想和大家分享一个真正的创业者是怎么思考的：

对手的产品真的无懈可击了吗？如果你的结论是“是”，那只能说明你太懒惰了，是思维上的懒惰，连挑毛病的能力都丧失了。

市场处在什么阶段？放在每天200万单的潜在市场规模背景中看，几千单算什么呢？最多只能说明这个市场正式启动了，还有那么多客户等着我们用更好的服务去伺候他们呢！

好吧，即便客观环境还有巨大的机会，最后的赢者凭什么是我们？我认为需要打三仗：产品战（用户体验）、资源消耗战、策略超越战。具体的就不再剧透啦，期待团队们的表现吧。

但是我知道能不能最终赢下这场硬仗，真正的关键是我们对战斗和胜利的渴望程度。这是一场真正的创业者才有机会获胜的战斗！一个真正的创业者和普通人最大的区别就是：前者寻找干成事的方法和资源，并付出120%的努力，而后者为干不成事找到合理的理由。

所幸，我们拥有这样一支“创业特种部队”，所以我对他们充满信心。

为了这支新队伍，我首先要感谢这些勇敢加入特种部队的同事们，你们是真正的创业者。还要感谢调出人员的部门负责人和其他同事，你们支持调出最出色最能干的伙伴，自己会因此承担更多的压力。

为了确保他们全力以赴地投入新的战斗，从下周起他们将彻底转变职责和汇报关系。（包括原来YY分管的服务系统和支持系统，从下周起直接向我汇报。）

让我们向他们致敬+祝福！

创业者在思考竞争的时候，最典型的一个错误就是战略性地假设对手不行，这条路不行，那条路走不通，总之大家很容易看到对手的弱点。可是，别忘了你也是一个新手。看待竞争的时候，不要把自己看成一个先行者，更不要不屑于跟追随者竞争。

成功带来的认知局限

我的第一段创业，算是取得了点小成功，但有时候成功经验反而会带来一种局限。因为你已经有了成功，觉得面对问题就知道如何去做，但是这种成功经验带来的认知，到下一次实践的时候不一定是对的。

在第一段创业故事中，我其实没有在传统市场里竞争，而是用差异化定位，在一个利基市场获取了超额的利润，因此我也形成了自己的一套方法论。当时我在长江商学院读 EMBA（高管工商管理硕士）时写的毕业论文，主题也是关于利基市场的策略。

就是因为这段创业经历，我没怎么用竞争的方式就过得很舒服，利润也很高，所以我形成的认知是，面对竞争最好的方法是不竞争。也正是带着这样的认知，后来做了易到。很显然，这种成功的认知让我形成了一个思维盲区，易到一开始确实没有竞争，但是当后期大批竞争者出现的时候，易到在策略选择上出现了很多问题。这说明过去你赖以成功的方法，很容易让你形成一种思维定式。成功会带来认知局限，我觉得这一点在创业者身上很普遍。

后来我看了很多商业史，发现竞争其实是一个常态，并不是今天的互联网才是竞争最激烈的。拿全球商业飞机制造商来说，现在只剩下两家——波音和空客。但是从莱特兄弟试飞成

有时候成功经验反而会带来一种局限。
因为你已经成功，
觉得面对问题知道如何去做，
但这种成功经验带来的认知，
到下次实践的时候，不一定是对的。

功到今天，美国也经历过几百家飞机制造公司并存的时期。从几百家到两家，就是在残酷的竞争中不断合并、淘汰、消亡，演变成今天的格局。

从商业的角度看，所有行业的发展史基本上都是一部竞争史。即便是技术门槛非常高的行业，仍然会面对竞争，比如芯片行业，门槛已经足够高了，但是除了英特尔，也有打不死的AMD（美国超微公司）。

你会发现，不管行业是什么或者商业模式是什么，竞争都像空气一样永远存在。这就意味着，不管你是巨头还是创业者，竞争都是一门必修课，你必须要有直面竞争的心态。

竞争是生死问题

说到面对竞争的态度，易到是一个相对负面的例子。在无数次的竞争中，易到留给外界的印象是这家公司很文艺，其实是因为我们在真正面对竞争的时候是“鸵鸟心态”。2012年，出行领域的竞争已经开始了，其他几家做打车的公司对于竞争对象其实还是很关注的，我们却一直说，易到做的是专车，别人做的是打车，跟别人不一样。这是自己骗自己。

我们再看大疆面对竞争时是怎么做的。大疆是无人机行业的开创者，现在差不多占据了80%的无人机市场。在把无人机市场做起来之后，大疆也被很多人跟随。按照大疆的能力和规模，它有一万个理由不用理会这些跟随者，技术能力和供应链都相差太远，品牌影响力就更不用说了。可大疆并不是这种态度。在面对竞争者的时候，它采用了一种积极的态度：主动降价，而且幅度非常大，一副宁愿自损八百也要伤敌一千的姿态。整个 2016 年，因为要面对竞争，大疆损失了数以亿计的利润。你可能会问，这个代价是不是太大了，有这个必要吗？实际上，大疆用这种看似过激的态度，杀鸡用了牛刀，迎来了战略上的确定性，竞争对手被彻底打垮。

本质上，竞争问题是生死问题，利润多少只是得失问题。所以，在竞争面前不要算小账，要算大账。在生死问题面前，一时的得与失又算得了什么？

真正的竞争来自另一个维度

既然竞争永远存在，那么下面一个问题是：竞争从哪儿来？

并不是大家都做同一件事才叫竞争，这只是表面上最直接的一种竞争，也就是业务同质，即面对一样的市场和用户，提供一样的服务。诸如此类的直接竞争确实普遍存在，如苏宁和国美。

在我看来，在竞争的类型里，最致命的一种来自外部。易到在刚创办的那 18 个月，表面上看起来没有竞争对手，实际上，我们面对的竞争是传统的出租车、公交车、自驾甚至是步行。也就是说，用户有短途交通这个需求的时候还是有很多不同的替代方案的，而易到就需要和用户心里想的所有交通方案竞争。这就好比你要选一家餐厅，并不是一定要从两家川菜馆中做选择，你可以去意大利餐厅，也可以去咖啡厅吃简餐。这就是竞争的外部性，即竞争对手也可能跟你不一样。

在做易到的时候，我们很严重的错误就是出现了这种思维盲区，没有意识到来自外部的竞争，也给自己做了很多假设。比如，当时我们认为用户用专车和出租车的场景不一样，其实本质上没什么区别，用户的需求就是要尽快从 A 点到达 B 点，完成了这个基本需求之后，才会考虑好与不好的问题。

在这一点上，实际上我们忽略了用户的本质需求，以至公司后面的很多策略也基于这种假设，认为专车和出租车不一样，因此带来了一系列问题。

既然真正的竞争来自外部，我们作为创业者就永远没有高枕无忧的时候。打完这一仗，永远有下一仗等着你去打。这时候你在明处，你的对手还暗藏在水下，你也不知道对方是谁，不知道什么时候会冒出来。当你看见的时候，它可能已经成长为一个庞然大物了。站在这个角度来看，我觉得感叹 BAT（百度、阿里巴巴、腾讯）已经成为三座大山，这种论调没有多少思考的价值。

之前我问曾鸣教授，阿里巴巴为什么要投资快的？他给我的答案是："阿里现在虽然已经是巨头，但它也不知道下一批竞争对手会从哪儿冒出来。所以每条可能的小路我们都不能错过，哪怕最后这条小路没走成，我们付出一点代价，也是值得的。"在互联网的边界越来越模糊的今天，巨头对待可能的竞争和威胁保持着如此高的警觉，而一个初创公司直面竞争却是鸵鸟心态，就显得多么幼稚和可笑了。

创新窒息

竞争的外部性还带来一个很重要的问题，我称之为"创新窒息"。

在汽车共享这个领域，就有一个创新窒息的经典案例。我刚开始做易到的时候，整个全球市场才刚刚有汽车共享的概念。但你知道吗？那个时候汽车共享的代名词不是优步，而是一家叫 Zipcar 的互联网租车平台，它主要做分时租赁。Zipcar 在 2011 年如日中天，并已经在纳斯达克上市。后来他们准备进入中国市场，还找过我们，很深入地探讨过跟易到的合作问题。

所以，第一代的汽车共享，不是我们现在的专车或者网约车，而是分时租赁。现在你听到分时租赁可能不觉得新鲜，但这个概念在当时很超前。一个智能手机就能把车开走，使用完在马路边一停，简直太酷了。所以，Zipcar 的创新能力并不低，可是在一个更大的创新面前，它的创新就会被迅速掩盖。几年过后再谈汽车共享，所有人想到的都是优步，没有人会再提 Zipcar。最后，Zipcar 是以大概 IPO（首次公开募股）首日一半的价格，卖给了一家叫安飞士（Avis）的传统汽车租赁公司。

一个小的创新，在一个更大的创新面前就会窒息掉，因为两者的成长速度完全不一样。Zipcar 为什么会被卖掉？因为它发展了好几年最后也就一万多台车，一天大概才十几万个订单。这个速度，跟后来的网约车能比吗？完全没法比。到最后，用户已经不会选择你。虽然你在发展，也变得越来越好，可用户为何还是选择了别人？“不是你不好，而是因为我爱上了别人。”

Zipcar 是一个很典型的故事，给我们创业者很大的警醒。在创新的时候，我们也要时刻关注在新的技术趋势面前，会不会有一个远远超越你的更大的创新。如果你只是在同一个维度保持做得更好，即便再努力，在更大的创新面前其实也没太大用处。

在国内市场，团购行业同样遇到了创新窒息的情况。千团大战的时候大家打得特别激烈，但到今天，团购这个业态已经没有了，用户的需求都是到店消费、线上结账。这也是美团点评今天业务形态越来越复杂的原因之一，因为最早团购的那个业态已经在发展中逐渐消亡了。

特别是在未来，创新的速度将越来越快。短短 10 年间，我们已经走过了一部完整的智能手机历史，从开始出现智能手机这个伟大的发明，到后来的模仿、竞争，再到今天这个行业开始衰退，10 年间一个行业就从诞生走到了老年。因此，在未来越来越快的创新节奏中，我们更需要关注创新窒息的问题。

竞争是全方位的战争

前文谈到我们面对竞争的态度问题，导致易到在后期面对竞争的时候，做出了很多错误的选择。到了 2015 年，整个网约车市场的竞争已经很激烈了，我们内部就讨论应该怎么办，最后给自己找到了一个解决方案。我们认为，因为整个大的 O2O 领域网络效应都不强，网约车市场也一样，没有规模效应，所以我们判断，如果没有足够强的网络效应，就不会出现一家独大的局面。因此，我们坚持自己的定位，认为满足一部分用户的需求，一定可以立足、可以生存、可以发展下去。这个结论的前半部分其实没错，O2O 市场的网络效应确实不强，一个领域也不会只存在一个玩家，到今天也是这样，但这个结论只是给当时我们的不作为找了一个理由。

现在，我作为一个投资人经常会问创业者，你的项目有没有竞争？谁是你的竞争对手？你怎么看他们？听到他们的回答，我就好像看到了当年的自己。很多创业者会说，竞争对手不行。你问他为什么不行，他也会分析得头头是道。其实作为投资人，我们并不担心竞争，因为不存在没有竞争的领域，在一个行业里面竞争是必然的。但重点就在于我们如何面对竞争。如果面对竞争是一种鸵鸟心态，我觉得必输。因为这其实是一种选择性的回避，是给自己的不作为找理由，你将在竞争面前不堪一击。我在做投资的过程中看别人，再反观当时的自己，确实很感慨。

竞争不只存在于业务本身，竞争其实是全方位的，包括资源竞争、人才竞争等。如果在竞争中用回避的心态去面对，只会让你越来越被动，因为资本、资源都是向头部聚拢。很多时候，你的规模越大，影响力就越大，资源越会主动向你靠拢，你也会事半功倍；反之，即便你做的事情本身是对的，但如果规模不够大，势能肯定会跟不上，这个时候做事情就是事倍功半。

这个问题越到后期会越明显。我记得 2014 年，易到在整个汽车产业链上做了很多探索，包括和海尔金融成立海易出行，跟奇瑞合资成立了易奇汽车，生产、开发电动智能的共享汽车。这些想法和举措在今天看也非常超前、非常有价值，但是超前没有用，因为势能的积累不够，获取资源就会特别费劲儿。规模本身不够大，效果可能也出不来，就会反过来怀疑模式本身。

所以，我认为一个公司要想生存和发展，仅仅当个小角色肯定不行。只有成为这个行业竞争中的胜利者，才能拥有更多的可能性和发展机会。这里有一个很简单的判断标准：究竟是

竞争其实是全方位的，
包括资源竞争、人才竞争等。
如果在竞争中用回避的心态去面对，
只会让你越来越被动，
因为资本、资源都是向头部聚拢。

别人找你寻求合作，还是你到处找人寻求合作，从这一点就能看出你在这个行业中是不是有足够的势能。

如果不能成为一个行业的第一，你创造的价值一定是锐减的，这个锐减的幅度，可能会超乎你的想象。所以，怎么重视竞争都不为过，要想生存，就必须学会直面竞争。

直面竞争也是公司成长最好的办法。在压迫性的环境下，整个公司的成长会加速。虽然我认为需要处在一个足够放松的环境思考本质问题，但是紧张的环境也会让一个团队的执行力变得特别强。所以，竞争是最好的压力，最能锻炼和提升一个团队的整体能力。

竞争不可避免，它是一个创业者的必修课。作为创业者，最好在心态上先直面竞争，尤其是当你意识到竞争对成长的价值后，就更应该去欢迎和拥抱竞争。

竞争的核心问题

竞争肯定要回归本质，即明确你的业务本质是什么。要分清楚，你的业务是技术驱动、产品驱动、运营驱动还是资源驱动、品牌驱动。

共享单车刚出来的时候，有很多针对这个领域的争论。一些人说车身重，骑 20 分钟就很累，不太好骑；还有人说，中国人素质低，过两天车都给你偷跑了……一位投资人在准备投

MB 之前，正好遇到我，就问了我的想法。我说，这个事儿就是要尽快把足够多的车铺到路面上去，其他的问题都不是核心问题，如车是轻是重、该怎么完善等。

对一家公司，特别是创业公司来说，一个时期只能有一项关键任务，不能有多项。但是我看到太多创业公司同时在做多项内容，并发多进程任务，这说明还没有思考清楚本质问题。并发多进程任务，看起来给公司带来很多机会和可能性，但其实公司资源总共就这么点儿，在关键任务之外做其他事情都是浪费资源，所以我们要认清每个时期竞争的关键和本质。只有认识清楚，你才能够确定好一家公司在某个时期的关键任务是什么。关键任务清楚了，公司上下才能达成共识，把全公司之力放在这一件事上。

第三章

重新理解品牌

当你的公司有了规模，有了品牌影响力，就意味着拥有了更低的成本、更大的议价权和更多的发展机会。因为所有人都会去找你，这是大家能够感受到的拥有品牌影响力的好处。当然我们也深知没有品牌之苦：产品没有规模，更没有议价权，成本也很高，特别是当一个没有品牌的企业跟一个有品牌的企业同类竞争的时候，你会感到非常痛苦。因此，我们肯定都很渴望拥有品牌。我们深知，拥有品牌，做出品牌，才可能拥有品牌影响力。

可是，为什么有些企业做出了品牌，并能够长期保持品牌的影响力，而有些企业耗尽心力，在品牌方面还是难有起色？这时候，需要我们重新理解品牌。

过去，我们怎么看品牌？

说起品牌，我们常常会听到三种说法。

第一种说法，肯定也有人这样跟你说过：你的服务这么好，怎么会没有什么人知道？所以就应该大力宣传，多做传播。这时候，企业也认为已经万事俱备，只欠东风。我问过很多创业者为什么要融资，他们说："融了钱以后可以投放市场，去做品牌。"这种说法很常见，但说法本身就值得推敲。

第二种说法："我们做的是品牌。"这背后是什么意思？就是跟你比，我们不是一个高性价比的企业，但我们是有品牌的。很多时候，企业为了让自己看起来有品牌，就说我们要做一个高规格的东西，听起来也高端、大气、上档次。

易到也犯过类似的错误。当年为了做头版广告，我们绞尽脑汁。记得 2011 年第一次融资后，我们做了一次广告投放。那时候我觉得既然做就绝对不能 low（低端），易到是高端服务，就得用各种黑白灰才显得有格调，用的文案也不能说人话。那个时候特别不想直接说价格，特别不想说我们是干什么的，就想变着法子说。这一切都是为了让自己看起来特别的高端。

第三种说法：做品牌要有话题性，没有话题就去制造一个话题。那时候也受了很多这方面的影响，不管是凡客体[①]，还是

① 凡客体，即凡客诚品广告文案宣传的文本，意在戏虐主流文化，彰显品牌个性。——编者注

病毒营销等广告案例，似乎都告诉我们要去争夺别人的眼球，要成为话题的中心，要在朋友圈刷屏，要让大V在微博转发等。总之，不管是传统营销还是新媒体，都要有话题性，要圈多少粉丝，实现怎样级别的曝光效果，等等。我们好像认为这就是做品牌，特别是有了社交媒体以后，更是这么看。

当年，我们团队还干过一件很愚蠢的事情，现在我还时常拿这件事跟我们的营销团队开玩笑。他们刚来的时候，我给他们的任务是："给你们预算，你们至少要在微博上做到10万粉丝。"然后你知道他们干了一件什么事吗？他们说干脆转发抽大奖吧。我模糊记得大奖好像是给5万元或10万元。这样做能没人转发吗？即便有人认为是骗人的，他还是会去尝试，而且粉丝肯定不会认为我这样的人是骗子。当时我明明感觉是不对的，这样做跟土财主有什么区别？不能干这么粗暴的事情，但团队为了达成我定下的关键绩效指标，反复跟我争取，觉得还是得这么干。我咬着牙下了这个决心，干就干吧。后来这就成了我们一个共同的笑谈，居然出 10 万元做这样的转发。这些事情过去以后，我开始反思，觉得大家公认的一些关于品牌的说法不见得是对的。

那到底什么才是对的呢？

重新理解品牌

回溯历史，中国民营企业建立品牌的进程被极大压缩，可能别人要做 100 年的事情，我们压缩到了一二十年。在这样一个浓缩的时间里，我们可以更清晰地看到这 40 年来企业建立品牌的脉络。

第一类是传统的“占领心智”，打广告。我们从物质短缺的时代走过来，那个时候其实很简单，一有新的品类出来，拼命打广告，告诉市场你代表这个品类就可以了。直到今天，分众传媒的创始人江南春还在到处给大家传播这个观点，就是要占据心智。为什么江总一直在说这个观点？因为在中国建立品牌的时间周期要求极短，新的品类出来依然适用这个观点。

现在，一个二手车品牌“GZ”正是用的这种洗脑式的广告。其他几家做二手车的品牌，以及新车贷款的品牌，也是用这样简单粗暴的方式。因为在这个阶段，大家基本上都在传播“市场上有没有这个服务”的问题。

第二类是所谓的炫耀，即一定用大 logo（商标）。为什么？因为我想告诉别人，我用的是这个牌子。企业也希望通过这种方式传递一种声音：“你用就代表你高端，跟别人不一样。”

第三类也是正在兴起的：只为满足自己。这股风从 20 世纪 70 年代末日本的无印良品开始，今天中国的严选等也归入此类。品牌可以没有 logo，没有标签，但可能产品就是不错，甚至非常好，所以并不以炫耀和展示给别人看为目的，只是让你真切地感受到好用，消费起来也没有压力，性价比高。

第四类就是强调所谓的精神需求。这方面，我觉得猫王收音机是最近做得比较好的一个例子。同样是蓝牙音箱，猫王收音机采取了跟其他品牌完全不同的方法。虽然它不便宜，性价比也不是那么高，但它强调了产品的文化属性和精神属性，强调了用户，实现了一种对自我的认可。“花点时间”（一个互联网鲜花订购服务）也是这样，他们倡导消费一种“无用”之美，让用户觉得生活还是不错的，是美好且积极向上的。我就是“花点时间”的用户，有个周末，我说：“今天花为什么还不到呢？”如果一直没有，其实也无所谓，但一旦开始用，一次没有就会觉得生活好像没有那么有生气，好像缺点什么，因为开始对它产生了期待和精神上的依赖。我觉得这是层次最高的一类，可能针对自我实现的产品在未来会很快普及。

遗憾的是，大多数领域都处在一个严重过剩的状态，即大多数产品都是同质的。我们随便到淘宝去搜一个商品，可能都会是长尾，数以百计的商家在同一个细分品类里。在这种情况下，怎么可能会有品牌？所以，我们需要重新去理解品牌，把它放在一个新的品牌时代去思考：未来的品牌朝着哪个方向去演化，我们又该如何去做。

回归原点做品牌

在我看来，要想有品牌，第一步还得回归原点，回归产品本身，保证产品先有质。因为我们不可能脱离产品谈品牌，但是产品得好到什么程度呢？我认为，好产品要有辨识度。如果仅仅是比对手好一些，他 75 分，你做到 82 分，这也是没用的。要想好到有辨识度，就必须做到最好。同样是快递行业，为什么一个叫顺丰，一个叫“其他快递”？尽管顺丰的价格可能更贵些，但是它好到足够有辨识度。如果一个淘宝商家的物流服务是“顺丰包邮”，这就意味着有品质。

所以我才说产品好就要做到实物上有辨识度，这种辨识度不是相比别人有差异性。我们看到太多产品为了差异而差异，比如俄罗斯手机 Yota，它背后用电子墨水做了一个双面屏，而

要想有品牌，第一步还得回归原点，
回归产品本身，
保证产品先有质，
因为我们不可能脱离产品谈品牌。

MZ 手机为了有差异也做了一个小屏。但是，差异的前提是你得足够好，如果连好的前提都不具备，尽管叠加了很多表面上的差异性，也是没有用的。深圳的华强北商业区虽然什么样的手机都有，也就是差异性足够，但它没有好品质的基础款。

在我看来，未来我们想做品牌的话就要先回到原点，把产品踏踏实实地做好。如果做得不够好，即便通过包装或者功能定位上的差异，也不足以形成品牌，因为它没有品牌的内核。就像一个做内容的人如果不坚持输出好内容，只喜欢搞一些噱头，那么弄来一个“大神”也没用。即使大神来了，你也得把词先背好，语速对好，设备等基础的东西准备好。如果连这些基础准备都没有，弄多少大神也没用。所以，最终还是得靠产品。

易到的产品，包括其本身的模式，还是有很大辨识度的。一直以来，不管是做用户选车、个性化标签的评价，还是做月票等，这一系列的实践都蛮有辨识度。现在我们看 DD 和其他一些租车平台，也在这方面做了很多尝试，其实都是易到最先开始做的。在所谓的创新和差异化方面，易到的能力非常强，一点都不缺乏。回溯当时，在其中一个核心的产品上，我一直主张必须要做到 100% 的派车成功率。我认为，98%、99% 和 100% 是两回事，不是提高一点的问题。在这个问题上，我们团队曾经争论过很多次。他们说做不到，我说肯定能做到，因为在经济学上有一个原理：加价加够，就会有百分之百。

当时我还给他们举过一个例子，我说：“即便用户在新疆喀什，哪怕我们没有开通这个城市的服务，但是当用户叫一辆车，哪怕这辆车从西安接单，只要用户愿意花 2 万元允许 3 天以后去接他，我也希望这件事 100% 能得到回应。”这个例子虽然很可笑，但当时我只想用这个例子强调 100% 会在用户心目中建立一个可靠的印象。我说：“我们的理念就是随时随地私人专车。什么叫随时？就是 24 小时。什么叫随地？就是任何地方都可以有。我们定位高端，只要你不怕贵，就一定有车。”可我们的团队没有足够的坚持，后来我离开易到的时候也没有做到 100% 的派车成功率。

不过每个公司的定位并不一样，比如 DD 从来不强调 100%，但是它足够便宜，然后 50%、60% 地慢慢提升。如果我们很早就做到 100%，哪怕最后竞争激烈的时候，即便没有参与价格战，也是可以守住的，因为总有一些对可靠性要求特别高的用户不愿意离开，觉得只有易到是最可靠的。这就是关于产品的辨识度。

做品牌的两个主张

易到开始做的时候是一个新品类，包括什么是专车的概念都需要教育。所以，当时我们团队很纠结，觉得这个品牌得花很大力气去教育市场，但作为一家初创公司，我们怎么可能有那么大的能力去告诉市场这是一个怎样的新事物呢？我觉得这个问题也是围绕着所有人的，因为所谓的创新、所谓的新品类，到底应该如何去告诉用户，这个过程很痛苦。

最近一次我出差回来，在机场等行李的时候，那个场地正好有广告牌，就想起曾经在这里我们也做过很多次广告。如果现在重新做易到的广告，我才不干那些事，说自己多么厉害之类的话。我会直接说："现在叫车，5 分钟到，仅需 38 元。"这不是雅和俗的区别，最根本的区别在于，我们需要让用户明白公司能提供的价值是什么：要么直接告知用户，要么让用户通过产品感受到。

所以关于做品牌，我想提出两个主张。

第一，愿景不是广告中的 slogan（标语）。用户真的关心你的愿景吗？用户可能不会花时间理解它，因为他们最关心的是从中能得到什么。

第二，不说大话。我们需要让用户感受到一个品牌对他当下的价值，而不是你的未来是什么样、能做什么。像阿里巴巴、腾讯、谷歌这样的知名品牌，它们可能不需要向用户解释它们是什么，但这不意味着在解决了品牌认知的问题以后，就要提高格调不说人话。淘宝自 2003 年做到现在，十几年来 slogan 也就改了一次，从"淘你喜欢"到"淘！我喜欢"，一直都是简单明了地说明为用户带来的价值。淘宝尚且如此，我们作为创业者更应该始终坚持挖掘品牌为用户创造的当下价值。

这个价值，可以是告知，也可以是感受。价值不是一个又远又空的东西，而是让用户了解和感受到，你到底能为他们做什么。

人本质上都是情绪动物，在行动之前，通常会先去判断得失，判断重要与否和优先级。樊登就说：“我们是在制造焦虑，让人们感觉很焦虑。”为什么？因为焦虑是个负面情绪，而人往往在负面情绪中会更有行动力。比如，我恐惧，就会逃跑；我生病，肯定会推掉所有事情去医院。所以说情绪的力量很大，要让人们产生情感上的反应，往往对做品牌很重要。

口碑是最好的传播

我们经常会陷入这样的思考：什么是最好的传播？我认为还是老生常谈的那一点：用户的口碑是最好的传播，这对品牌来说是一种加速度。从物理角度说，哪怕我们初速度很慢，只要持续保持加速度，速度就会变得无穷大；相反，如果是轰炸式的，即便初速度很快，一夜之间全城皆知，但若是没有加速度，品牌影响也会停下来。因此，哪怕企业说没钱做广告、没法做品牌，但只要产品足够好，市场还是会越来越大。当有了口碑这样的加速度以后，再加点力，顺势一推就能事半功倍。

很多人对此没有耐性，说用户体验完不反馈该怎么办？在口碑方面，我觉得易到曾经做得还不错。易到特别不害怕用户投诉，因为我们的理念就是要把每一次的客户投诉当作一次跟客户深层次接触的机会。

愿景不是广告中的slogan（标语），
不说大话。
需要让用户感受到品牌对他当下的价值，
而不是你的未来什么样、能做什么。

我们要站在用户的立场真诚地解决问题，绝对不能敷衍用户，说车到了可实际上没有到，甚至推卸责任说这是司机的问题。如果站在用户的立场真诚地为他解决问题，用户会很感动。即便他本来有不满情绪，当你真诚地帮助他解决问题后，他也会产生几分信任和感动，这会加深你们之间的关系。所以在我来看，每一次客户的投诉都是一次增加用户好感和建立品牌的机会。

怎么才能有口碑呢？除了好的标准外，我还另外建立了一个逻辑：降低用户预期。通常，如果你的画面太美，很容易让用户失望；相反，我觉得产生口碑最好的办法是给用户惊喜，即高于他的预期。我们经常会觉得图片宣传很好看，但拿到手里往往会失望，也就是买家秀和卖家秀的区别。如果只是差一点，我们可能会习惯，但也不一定会有特别好的口碑；如果一个产品到了手里以后，比图片的感觉还好，那你就会产生极大的惊喜。这个惊喜就会让用户特别愿意传播，特别愿意推荐，并且会重复使用。

在易到时期，我特别害怕用户说易到如何好，因为我害怕他下次产生失望情绪，特别是他提到某些个性化的东西时，因为我知道那是不可复制的。比如说某个司机给他买了一份早餐，他明天还会继续期望。如果司机没给他买早餐，他就会有所失望。所以，当时我不希望提供太多个性化的服务。一旦多了，用户就会产生更大的期待，甚至会变成一种习惯。“过去都是到站口来给我提行李的，为什么现在不来了？是服务不行了吗？”

其实本来就不应该是那样的。所以我说，不要说大话，把事情说小，不让用户产生不切实际的、过高的预期。

用户订了车就希望知道多久能到，当时易到的地图没那么好，也没那么及时，于是我们在设计产品的时候加了预留的时间，明明 5 分钟到，会告诉你 7 分钟到。因为数据显示，如果直接把系统计算出来的数据告诉用户，失望的概率会更高。哪怕车到了对面，盘桓半天看到了用户，他还是会失望，他会觉得易到的时间从来都不靠谱。相反，你给他的预期是 7 分钟到，实际 5 分钟就到了，他会感到惊喜，会觉得司机很靠谱。

外卖平台也是一样。如果告诉用户 10 分钟就到，下一单转化率肯定好；如果告诉用户两个小时才能到，对方肯定就撤单了。假设我们现在的水平，外卖只能做到 45 分钟送到，这是一个很难受的时间点。对用户来说，如果等，时间有点长，不等又有点不甘心。这个时候作为决策者该怎么办？给你三个选项告诉用户：30 分钟、45 分钟或者 1 小时到，你选择哪一个？我认为这里没有标准答案，也不见得哪个答案一定是对的。决策者肯定会根据自己的价值观或者对品牌的不同理解，做出不一样的选择。答案没有绝对的对与错，可能都会有些偏差，也可能都会做成功，这背后恰恰是不同认知和价值观的体现，当然也决定了我们最终要走的道路。

所以，如果服务本身不能百分之百得到保证，也许品牌不应该把这个信息告诉用户。

用一以贯之的真诚去解决问题

建立品牌，还有一个很重要的点就是态度，也就是要做到真诚面对用户。可绝大多数我们没有做到，大部分企业也没有做到。什么叫作真诚？我觉得第一点就是用足够真诚的态度，真正做到最好。烤鸭店那么多，为什么大董好？因为大董在选料、工艺、出品这几个方面都做到了最好。虽然大董弄来弄去可能也就只有两个菜最好，一个烤鸭，一个海参，但这两个菜就做到了足够的好，这就是真诚的体现。

所以，你敢不敢坚持做那些看起来傻、表面吃亏的事情？我认为这恰恰是一个公司、一家企业真不真诚的基本态度。可是，往往大多数企业是不真诚的。当时 JM 很快完成了上市，是"初创企业的代表"，但如果它主动销售假货呢？这时候，即便没有竞争对手，也没有被用户发现，也不能在背地里说："我悄悄干，我偷偷干，用户就不会知道。"心存侥幸，就是不真诚的一种体现。

真诚还有一个需要面对的问题：不管什么样的企业，总会出现大大小小的问题。当你做得不好的时候，最好告诉用户真相。很多时候，真相没有那么好，我们担心说出去对企业有巨大的损失，甚至让企业遭受灭顶之灾。其实并不是这样。最好的公关声明就是敢于公开真相，敢于承担责任。这方面，海底捞就为我们做出了示范。2017 年，海底捞因为媒体的曝光引发了社会舆论危机，它是怎么做的？它没有解释有没有竞争对手恶搞，也没有谴责曝光的媒体，而是很真诚地告诉大家真相，说接下来如何整改，“这就是我们系统的问题，我们要好好从上到下整改”。我觉得那篇处理声明很经典，最后逆转了舆论，也得到了公众很大程度上的认可。

举这个例子，并不是说我们应该学习这个教科书式的公关，只是想继续阐述一点：用一以贯之的真诚去解决问题，而不是掩盖问题。避免用新的错误掩盖旧的错误，不仅是商业的道理，也是人生的道理。当有了真诚，很多问题就好办了，因为你有了根基。

遗憾的是，我们经常羡慕别人有品牌，羡慕别人被讨论，羡慕别人有影响力，还往往舍本逐末地以为是别人会做话题，然后就寻思着找一个牛人策划话题。甚至是羡慕别人，以为品牌声音大，成功就会随之而来。

我也有过这样迷茫的时候。几年前，一个朋友找我投资，我没投。我开玩笑地说：“如果你过去是一个花花公子，现在却想告诉别人，你一生只送一个人一束花。我怎么能相信你会做出一个真诚的产品呢？”实际上，当时他已经取得了很大的成功。面对他的成功，我也动摇过，但是内心还是反复考量自己，想了好久，觉得一生只送一个人一束花，是不是情感的绑架？一束花卖 999 元或者 1999 元，然后一个女生逼着男生去买花，这样做对吗？在我看来，真诚对于一个品牌很重要。如果这是一件真诚的事情，哪怕他的价值观跟我不一样，我也是信服的，但我还是经常感受不到这份真诚的存在。

在创业之初，我们可能都有真诚面对用户和做好产品的态度，可是往往一个品牌，不管是话题还是一种感受，品牌本身都会老化、会疲倦，用户过一段时间就觉得你不再新鲜。我们做企业的人就会想，今年的品牌策略是什么，新的定位是什么，新的包装是什么。我和本来生活网的喻华峰也聊过这个话题。当年，本来生活网因为褚橙一举成名，从此奠定了品牌基础。我们的共识是：品牌之道不是把偶然的成功复制为套路，而是持续保持真诚；品牌提升的根本之道还是应该回到根本，即以用户价值的创新和创造为核心。

要想拥有一个卓越的品牌，怎么能不付出卓越的努力呢？通过一些讨巧的、炒作的或者时代的红利，就能拥有一个好的品牌吗？回到开始，我们如此希望拥有一个好品牌，希望从中得到品牌的红利，拿到话语权、机会等等，可这样的渴望真的是品牌本身吗？也许大多数公司渴望的更是这背后的红利。

我还是认为要有勇气去做那些难做的事情。当把这些足够难的事情做到卓越，品牌自然呼之欲出。可惜的是，往往因为它很难，大多数人选择了放弃。所以品牌一定是超级稀缺的，也就是说大多数人并不会真的去追求品牌，或者没有办法做出品牌，因为太难了。这样一看，品牌之路貌似永远只属于极少数人，大多数人只是品牌红利背后的追逐者和艳羡者。

第四章

重新理解流量

互联网离不开流量，而流量在中国互联网进程中大概经历了 6 种形态。

第一种是门户时代的展示广告，第二种形态是 PC（个人电脑）时代流量分发的中心，也就是搜索，因此，PC 时代成就了百度。之后进入移动互联网时代，开始出现第三种形态，即基于移动 App 分发的应用市场，全球性的代表当属 App Store（苹果应用商店）和 Google Play（谷歌应用商店）。中国的移动 App 分发最开始相对分散，等到硬件高度集中化后，第三方应用市场除了应用宝，基本上都是手机自带的应用商店做分发。

移动互联网时代的一个分水岭是微信，它发展起来之后，流量的分发开始进入社交媒体时代，如广点通、朋友圈信息流和微博信息流，这是第四种形态。第五种是智能时代的 feed 流（一种呈现内容给用户并持续更新的方式）模式，最典型的是今日头条。虽然今日头条也在 feed 流里展示广告，但展示的本质已经发生变化，这时的广告展示已经可以实现智能匹配。用户、内容属性都做了全新匹配，所以广告效率大幅提升，用户转化率也随之大幅提高。

在以上 5 种流量形态之外，电商的生态流量是一个特殊形态，也是中国互联网比较独特的地方。美国互联网的电商流量基本靠谷歌带来的搜索流量，但是中国的电商流量靠淘宝或者说整个阿里系。阿里之所以有流量，是因为它拥有电商的完整生态，从最开始的商品到支付再到物流，构成了一个极其完善的电商生态。对一个小商家而言，如果你想在网上卖东西，自己独立开店可能不行，但是淘宝系会给你提供一整套做电商的必备条件，包括淘宝自身提供的基础能力和淘宝赋予商家的一系列插件能力，以及店铺装修、流量分析等。这么多电商平台，但貌似只有在阿里体系内才能获得这一系列的支持。

流量永远是稀缺的

中国互联网这 20 年的发展，流量总量得到极大增长，不论是用户数、日活数，还是在线时长，都增长了无数倍。但无论在哪个阶段，流量永远是稀缺的。对于商家来说，流量永远不够，总是需要更多的流量。

可是，流量几乎都掌握在少数巨头手里，这也导致每个阶段能够分发流量的供应商非常有限。今天的移动互联网，主要是微信这样的社交媒体、今日头条这样的新入口，以及淘宝、百度这么几家在分发流量，做流量分发的供应商更是极其稀缺。

还有一个新的形势，原先传统的企业或者跟互联网不沾边的行业也在往互联网迁移。大家都希望流量越多越好，对流量的需求也越来越旺盛。这种情况下，流量总量在涨，需要流量的企业也越来越多。我们刚刚讲到流量分发的巨头就那么多，所以更是僧多粥少。一旦稀缺就会越来越贵。根据经济学原理，稀缺的时候，成本一定会越来越逼近于收益，所以很难赚到钱。

需求大，供给少，流量越来越贵，这是今天必须要面对的一个现实，我们不能逃避。至今也没有一个讨巧的办法可以低成本地获取流量，比如找个营销高手，非常便宜地做流量，这并不能一劳永逸地解决问题。当然，流量成本肯定有优化空间，只是指望一招鲜地用营销、用讨巧的方法来节省流量，不可能解决问题。

特别是新业务部门和初创公司，很容易这样理解问题。我曾经跟朋友聊到 JM 的问题，他也在反思。JM 当时就有流量的问题，一开始用品牌打广告，满屏地给自己代言。这种方式确实让它低成本地拿到了流量，之后还是想讨巧，经常做营销活动，总觉得流量贵，不愿意花成本去买流量。结果流量越来越

在任何一个新出现的领域，
如果需要购买流量，即便当下很贵，
也一定要先买，
付出的成本肯定会比后来者低，
因为流量只会越来越贵。

贵，越到后面越买不起。

每个商家都想低成本地获取流量，但只要从经济学原理出发去思考，就知道不存在这种事。如果认清了流量的现实问题，接下来的一个问题也会很清晰，那就是在任何一个新出现的领域，如果需要购买流量，即便当下很贵，也一定要先买，付出的成本肯定会比后来者低，因为流量只会越来越贵。

产品本身决定了流量的关键问题

面对流量带来的困境，我们究竟该怎么办？实际上，从产品的角度重新理解流量的关键问题，我们能得到新的答案。

第一，产品特征决定了流量的价值

首先，我们需要理解流量是怎么回事，以及什么才是有价值的流量。通常，谈到流量就会谈到 DAU（日活跃用户数量）、MAU（月活跃用户数量），但这些数据真的代表流量吗？还有一个问题引发了我的思考，为什么同样是 1000 万日活量的产品，价值却完全不同呢？

我们可以看几个例子。第一个是有关天气的应用，比如 MJ 天气的日活量几千万，量很大，但如果想把这么大的流量变现并分发出去，其实很难做到。这不是营销问题，而是产品本身的问题。因为用户虽然每天都需要关注天气，但是他只需要花 0.5 秒，不会做更多停留。

第二个是有关查违章的应用。这是刚需，切中了用户痛点。谁都关心自己有没有违章、扣不扣分、需不需要缴费，但是为什么查违章的流量也没有价值呢？后来我们发现一个很微妙的心理，在查违章这件事情上，用户绝对不会主动打开，他巴不得这个应用一年不出现。所以这个使用场景是完全被动的。比如给你推一条消息，告诉你昨天在哪儿出现一个违章，肯定会让你沮丧，你心中非常不期望它出现。这就是说用户不会主动打开它，更不会停留。

第三个例子是 MT，其全网用户的渗透率也非常高，但为什么 MT 的流量价值不大呢？因为大家还是把它当作一个工具。一个女孩，花半小时修一张图，弄完后肯定是立即退出。尽管 MT 会鼓励你“直接分享更清晰”，但几乎没有人会直接分享，谁会愿意分享一张一看就是修过的图呢？用户的动作一般都是保存，关掉 App，再打开微信，调取相册。所以它再好，也只是具备工具属性，这就导致它的商业价值很有限。

因此，判断一个产品的流量是否有价值，我们先看以下几个要素：一是用户数，即 DAU；二是时长，看用户黏性；三是交易属性。后来我自己有一个用来判断的公式：

流量价值 =DAU × 时长 × 交易系数

按照这个公式，我们可以反过来看一下，为什么微信那么成功？它的流量为什么那么有价值？微信有10亿用户，平均一个用户一天使用90分钟，这是多么可怕的数据。为什么今日头条好？今日头条累计有5亿多用户，一个用户每天阅读时间60~70分钟，这也很可怕，所以用户使用时长很重要。

最后一点就是交易属性，这个很容易理解。一个有交易属性、可以直接产生交易的产品，流量自然更有价值。比如淘宝，尽管从全网总量看，淘宝的流量不如微信，也不如百度，但它产生的每个流量都带有交易属性，所以淘宝的流量非常值钱。

对任何一个产品来说都是一样，流量本身就很宝贵，如果有一定的时长，再加上交易属性，那简直是“核武器”。

第二，产品需求的强弱决定了购买流量的成本

产品的特征决定了流量的价值，而产品需求的强弱则直接决定了购买流量的成本，毕竟不同产品购买流量的成本是不一样的。

流量的购买成本不体现在流量的价格上，而体现在转化率上。如果一个产品本身就是刚需，那么购买流量的转化率一定高，流量成本就比较低。比如打车，产品本身就是要解决打车用户的强需求，那么投放的广告，也就是购买流量的转化率就高，相应地获客成本就比较低。

当然，打车还不是获取流量成本最低的，最低的是微信。微信从诞生的第一天起，除了内部从QQ导过流量之外，从来没在外部买过流量。有人说这是腾讯公司的伟大之处，但我们也要看到产品需求本身带来的能力。社交本身就是所有人的强需求，而且微信是一个社交通信产品，用它替代短信和电话，这样一个强通信的属性导致人们天生就需要它。微信这样的产品就是所谓的装机必备，不用推荐你也想要。

那么人们到底对于哪些产品有刚需呢？社交是一个，内容资讯是一个，外卖这样的生活服务也是刚需。无论安装哪一家的资讯客户端、哪一家的外卖平台，大部分人至少有一部手机。这些产品内在的价值属性，就决定了它们付出的流量成本是不一样的。

再举个反面案例。当年有过一批奢侈品电商，现在只有一家寺库网上市了。奢侈品电商本身就是小众、低频、高价、重决策的一个领域，这样的产品属性决定了它们在购买流量的时候成本很高，因为转化率低。不仅是奢侈品电商，整个垂直电商的流量成本都比平台型电商高。说白了，虽然买的是一样的流量，比如一元钱一个点击，但是平台型电商的转化率可能是10%，而垂直电商的转化率可能只有1%。

从以上我们也可以看出，购买流量的成本根本上是由产品特性决定的，而不是由投放策略决定。既然产品特性直接决定了转化率，那么我们是不是可以得出这样一个结论：只有大众、高频、低价的产品才值得买流量。因为基础流量的购买价格差不多，真正决定流量成本高低的不是购买价格，而是转化率，它决定了获客成本。

在做易到时，我认为我们对流量的认识就不够深刻，导致易到在整体规模和成长速度上很长时间没有得到根本性的突破。那个时候想获得流量的困惑，很重要的一点是获客成本太高，我们花将近 1000 元才能获取一个客户，所以当时的解决方案是从营销上想办法，想用营销上的动作低成本地获客。

现在回过头来看，这件事儿就完全做错了。什么决定了你的获客成本？是产品本身。在易到，这个决定因素就是产品价格。易到早期做高端专车的时候，全是奥迪、宝马，一单可能 360 元，这就带来一个结果，花将近 1000 元才获一个客，我们一算账根本付不起这么高的获客成本，财务模型上也不支持这么干。所以当时就不想买流量，老在营销上想办法，期待找个营销高人，能帮助我们低成本获客。现在倒过来想这件事，如果当时调整产品价格，10 元坐一次车，可能获客成本就雪崩式地下降了。所以，这根本就不是流量的问题，是产品形态的问题。

在今天，要想得到更高的转化率，我认为就要用大众、高频、低价的产品去获取流量。我经常看到小众、低频、高价、重决策的业务，也在用购买流量的方式拉新客，这样的转化率肯定非常低，最后很有可能也是行不通的。我的建议是你可以从产品形态出发，开发一些大众、高频、低价的产品，以此拉动流量。

比如宜家，为什么它要卖 1 元的冰激凌？很明显这并不赚钱，但宜家却非常欢迎大家去占这个便宜。因为家具是个低频、高价的产品，所以宜家需要在家具之外卖家居，比如衣服架、毛巾架、拖鞋以及那些价格非常低的食物等，这些家居产品的消费频次肯定要高得多。通过高频、低价的商品拉来流量，也为其他方面带来了利润，很多聪明的商家都会采用这个策略。

第三，产品核心功能决定了流量的二次分发

如果产品本身有一定的流量，要不要去做流量的二次分发？

有一定流量的产品，都想尝试去做流量的二次分发和转化，易到也遇到过类似的问题。我们当初想，每天一端有这么多的用户用车，另一端还有那么多的司机，理所应当可以在产品上放一些广告，还可以获得广告收入等。很可惜，用户行为根本不是这样的。用户打开 App 以后，本来想打车，结果弹出一个广告，他一定是马上关掉它，因为他现在只想马上打到车。

还有一点，跟易到的战略投资方携程有关。当时我们拿到携程的投资之后，很想把携程的流量用好，而且我们觉得打车场景天生和酒店、机票、旅游有交集，就拼命想去导入携程的流量。结果我们发现携程在这方面很节制，他们说这样做需要测试，如果放了易到的入口影响到机票的购买转化率，那一定不能放。当时我不是特别理解，觉得携程和我们是天生的利益共同体，为什么不能放呢？后来我明白，对流量分发的节制很有必要。

再举个例子可能会更清晰。为什么今日头条对广告不节制，而微信又对广告很节制？难道是道德水平不一样吗？肯定不是，这是因为这两个产品的核心属性不同。今日头条本质上是内容产品，核心就是内容分发，但微信最基础的功能是通信，社交通信才是它的立身之本。也就是说，任何流量的转化和分发，绝对不能以牺牲产品核心价值为前提。一个共享单车，特别是在有了小程序之后，可以低成本地获取流量。如果在共享单车的使用流程上，再去做流量的二次转化和分发，肯定是个妄念，不仅会伤害用户体验，而且也没有太大价值。

再举一个我认为比较危险的例子。目前一些社交电商发展得很不错，但我认为未来遇到瓶颈的可能性很大。设想一下，如果有一天你的朋友圈里全是广告，肯定想着要把这些发广告的人取消关注，甚至拉黑。所以，这种模式的社交电商未来遇到瓶颈的可能性会更大。当它发展到一定程度，影响到朋友圈和群体验的时候，就会伤害到微信的核心价值，也就是它发展的天花板。

所以，对流量的二次分发一定要有这样一种判断，看它是否会影响到用户体验和平台的核心功能。微信都如此谨慎，拼命维持自己作为社交通信平台的价值，任何一个有一定流量的产品也应当如此，不能让流量的二次分发影响到产品的核心功能。

后流量时代

我把未来流量的阶段称为“后流量时代”，这样定义是因为大家现在有这样几个感受：一是现在用户去安装新 App 的动力越来越弱，该有的都有了；二是很多人手机上的 App 都过载了，少则几十个，多则上百个，后几屏的 App 可能都处于休眠状态。有没有想过，目前移动端上的运营，App 还是主流，但当这种形式趋于饱和，还有没有别的形式呢？我认为现在还处在一个探索阶段，可能 App 之后会有新的东西，比如小程序、轻应用或者别的尝试。

面对这种情况，作为普通的运营者，又应如何在后流量时代运营流量呢？我有三个观点。

第一，产品即流量。

未来一段时间，App 仍然是移动流量的主流，但是流量的红利几乎没有了，很难再去找到一个大的流量风口。这就倒逼企业要想经营流量，不如回归本质，先把产品做好。小米就提出了一个很好的概念：静销力。这个静销力由产品自身直接决定，就是不用主动推广某个产品，先看它的销量如何。

所以，我们所有的创业者要回归业务本质，而不是等到产品不行的时候，就指望营销获得流量。有时候，或许可以先问问自己：产品做到足够好了吗？

第二，从流量回到品牌。

这一点给我最大的启发是猫王收音机。他们的产品本质上是一个蓝牙音箱，市面上也有很多同类产品，而猫王收音机定价 399 元，价格虽然不便宜，但卖得特别好，还实现了很高的毛利率，这是为什么？其实从名字就能看出来，猫王收音机坚持叫“收音机”，而没有强调蓝牙音箱的功能，这背后就是回归了大众的精神需求。

在今天，电台这个媒介已经越来越少出现了，但是收音机和电台一直代表着人的精神属性。电台既有怀旧的属性，还是一种文化的象征，所以猫王在产品设计上坚持体现了电台这一点：除了蓝牙之外，还设计了一个调频的旋钮，否则肯定就不能叫“收音机”了。尽管用调频功能的人可能不多，但这个品牌定位很巧妙。

从单纯运营流量，回归到品牌、内容甚至文化气质上的打造，基于此建立新的品牌观，我认为这也是后流量时代的一个思路。

第三，从线上重回线下。

这一点在共享单车上就有体现，它很大的流量来源就是线下。当你在路边看到一辆车，然后扫一扫，经过这样一个很短暂的线上流程，就可以骑车。这个过程就把流量从线下带到线上，这是共享单车要拼命做线下覆盖的原因。

在服务业、大消费领域重回线下的趋势还是比较明显的，

作为普通运营者，
应如何在后流量时代运营流量？
我有三个观点：
第一，产品即流量；
第二，从流量回到品牌；
第三，从线上重回线下。

但是重回线下，并不是开店这么简单。

有一个数据显示，中国商业全部在线化率大概不到10%，其中实物电商在线化率相对较高，生活服务业较少，到达B端的业态在线化率则更低。这是因为中国整体的在线化还在进行中，甚至才刚刚开始。而C端的在线化率程度又远远大于B端，我们每个人每天都恨不得捧着手机走路，这就要求低在线化率的B端必须跟上C端需求的步伐。这也是所有企业面临的挑战，不管你处于哪个行业，必须要先完成在线，然后联网，最后实现智能化。

对于传统企业来说，看到线上的互联网企业在今天遇到瓶颈和挑战，并不代表你可以松口气。线上服务虽然在体验性方面有自身的局限，但单纯做线下也会遇到很大的瓶颈，比如及时性的问题。因此，我们需要做的不是简单地重回线下，而是开创一种线下的新业态，既能体现线下的体验性价值，又能解决服务密度和及时性的问题。

第五章

重新理解钱

早期，我没有什么融资的概念。在 20 世纪 90 年代创业的时候，我们都是找亲戚、找银行、找关系去借钱。记得 2004 年，我刚去长江商学院上学，有人对我说，你的企业做得还不错，会不会有人找你投资？我的第一反应是，什么意思？怎么投资？

那个时候，我不懂什么是投资，或者说一直都不懂，包括这次易到的创业。我的思维一直都是自己掏钱来创业。因此，在易到融资的问题上，我犯了很多错误。

今天，融资是每一个公司的必修课，很少有人像我过去那样通过短期凑钱的方式创业。

易到曾经融了很多轮次的资金。在易到的投资历程中，有一流的风险投资，有战略投资者携程，有大的 PE（私募股权投资），也有最后并购售卖公司的情形。从融资到最终卖掉，应该说在投融资方面能碰到的情况，我都碰到了。

因此，我想从这几个问题的维度，对易到的融资做一个复盘。

关于钱的四点反思

易到在融资期间犯了很多错误，现在回过头来，有四点需要反思。

第一，究竟该什么时候融资——在别人看好你的时候尽量多融资。

易到一共有四次融资，其中有顺利也有犯错误的时候，但所有的错误加在一起，都比不上我们在 2014 年 C 轮融资时所犯的错。

2014 年，易到的 C 轮融资很顺利，我们从来没有感觉自己这么红过。一出门就有很多人追着找你谈，说要投我们，而且不止一两次。然而在那么好的时候，易到本可以拿到 3 亿美元的融资，却因为各种各样的原因，我们最终只要了 1 亿美元。

距离 C 轮融资完成仅仅相隔 3 个月，对手成功完成了全球私募史上最大的一笔融资，此后一切都变了：别人对易到的了解可以说非常清楚，给的条件都很苛刻，而且人家给不给融资还不知道。

在企业发展困难的时候，几乎是融不到资的。公司处境差的时候去融资，往往事倍功半，不仅过程困难，付出的代价也会很大。那个时候易到处境极其困难，整个状态都非常被动。很多人都问我，为什么你会在2015年把易到卖给乐视？那个时候我有选择吗？我没的选。

所以，要抓住最好的时机赶紧去融资，因为只有在那个节点上，所有人对你才是正向的期待，认为你将来一定会更好。融资，其实是一个生死问题。绝大多数创业公司，除了像KB这种极少数因为遇到政策问题死掉的公司，大部分的死亡都是因为没钱。没钱才会死，有钱都会死撑着。

第二，究竟该融多少钱——不以估值论融资。

可以融多少钱，不是由估值决定的，也就是说，估值低融到的钱不一定就少，估值高也不一定能多融点。真正决定融资规模的是你的核心业务需求。融资，不仅是为了业务上的花销，而且要考虑到最坏的局面，要预见面对竞争对手你需要多少钱。融不融得到是能力问题，但融资的方案和目标，就应该为最坏的局面做准备，哪怕出让一些股权也是可以的。

在这一点上，不得不说，当时饿了么的创始人张旭豪就想得很清楚。他当时敢用4亿美元的估值去融3亿美元的资本，稀释了自己大额度的股权，这是前所未有的。过往大家都有一些惯用的思维模式和套路，一般每次稀释股权不会超过十几个百分点，最多也就20个百分点。张旭豪跳出了这个思维局限，没有按套路出牌。

易到就在这方面犯了巨大的错误。我们没有趁着好时机融进足够的资本，最根本的原因在于，我没有想清楚融资的钱用来做什么。虽然我知道要这笔钱用来补贴用户、发展业务、投放广告，但并没有仔细地算过到底要花多钱，更没有预见竞争环境可能出现的最坏局面。

2014 年的融资，最主要的原因是虽然面临竞争，但当时我们却心存各种侥幸，觉得烧钱是不可持续的，政府会管制，出租车也一定会反弹。即使面对激烈竞争，我们也没敢太过猛烈地投入，因为觉得大环境不会允许这样做。我们甚至还在那里挑，看要谁的钱、不要谁的钱。现在回过头来看，挑什么呢？全要就对了。如果当时我们要到了 3 亿美元，对手就不容易要到那么多钱，但我们只要了 1 亿。易到 9 月份完成融资，对手很快在三个月后完成了 7 亿美元的融资。在那个时候，其实已经 game over（游戏结束）了。

现在想想，当时的状态不过是建立在侥幸心理上的一种臆测，实际上我们忽略了很重要的一点，互联网行业的竞争从来都很激烈。回想曾经的“3Q 大战”（指奇虎 360 与腾讯之间的纠葛），就像发生在古代，其实也不过是 2012 年发生的事，而这件事发生在 2012 年又那么合情合理。当时移动互联网行业大爆发，大家采用了各种形式的竞争，争夺战略制高点。实际上，无论是过去易贝和淘宝的竞争，还是 3Q 大战，或者是后

要抓住好的时机赶紧去融资。
因为只有在那个节点上，
所有人对你才是正向的期待，
认为你将来一定会更好。
融资，其实是一个生死问题。

来 O2O 行业的疯狂补贴，互联网行业的竞争都是极其惨烈的，因为互联网的行业特性就是要争取全局性的胜利。

所以，在互联网行业创业，需要对竞争保持持续敏感。面对竞争，更不能心存侥幸，因为它是你在融资中必须考量的重要因素，因为它将可能成为你未来面对的最坏局面。

第三，究竟该怎么花钱——多融少花。

融到资本之后，最常见的错误其实就是：拼命扩招、投放广告，以及业务上的疯狂补贴。这可能并没有什么不对，但不能为了自己的臆想去花钱，自以为是，没经过验证就开始实施。这时候更应该“大胆假设，小心求证”。当一件事我们无法判断的时候，最好用极小的规模去测试，而不是抱着侥幸心理自己忽悠自己，比如，以为单店模型成立，获客成本就会低。所以要多想一下，在真正形成规模之前，你的假设还成立吗？竞争来了，外部环境变了，你的假设还成不成立？所以，我认为任何模式在没有被验证之前，花钱要很小心，最好不要花大钱。

早期易到的融资一直比较顺利，但是易到 A 轮融资后在花钱上犯了不少错。那个时候融的钱比较多，却瞎花了一通：先弄了一个 100 多人的地面销售队伍，接着又大笔投入广告推广。人的行为都是有惯性的，拿着这笔钱这样做了，至少要先干一个季度；一个季度没见声响，再给自己一个机会，觉得有些事没做到位，调整后再试一下；这一试，又半年过去了。当真正意识到问题，决定刹车，才知道停止也有惯性，从团队收缩到结束动作，三个季度很快就这样过去了。这个时候，损耗已有七八成，剩下的钱也只剩下两三成。这时候对公司发展来说已经捉襟见肘，于是，你开始什么都不敢尝试了。最后，为了公司安全和“过冬”考虑，不得不进行裁员。

当今这个时代，融资貌似越来越容易，数额也越来越大，如果没融个 1 亿美元，连媒体都不屑报道。正因如此，大家对融资的预期越来越乐观，花钱也越来越大手大脚。但创业者要为自己没钱的情况做最坏的打算。没钱，就会从人事下手，削减预算，但是扩张容易，裁员却很难。扩张不见得涨士气，裁员一定伤士气。公司招人需要谨慎，招的人越多，管理问题就越多，我们应该让公司处于尽可能少的管理负荷之下。

因此，要多融少花。融钱的时候尽量多融点，具体花钱的时候不能瞎花。只要账上还有钱，你就不会“死”。

第四，究竟该如何看待估值——不要被它操控。

作为一个投资机构，需要在风险和收益之间寻找平衡。创业本身就存在着极大的不确定性和风险。当风险明显看多的时候，投资人都会有观望心态。不出手，这是人家的本分；帮你，那是人家的情分。没有谁应该投你，无论谁投你，你都应该感谢人家的信任。

在易到 A 轮融资的时候，我去找一家资本方谈。当时，资本方的合伙人问我：“你准备要多少钱？”我说：“1000 万。”他接着问：“什么估值？”我回答：“5000 万。”这时候他反问我："美元吗？"那个时候的我觉得被冒犯了。其实人家觉得价格贵很正常，的确这个价格并不便宜。

后来因为觉得当时对方没投我，还不尊重我，我就在心里有所抱怨。所以，在C轮融资的时候，这家资本方再找过来说要投易到，我拒绝了。回过头来想，这种本能的情绪是错误的。创业者要学会放低心态，对愿意投资你的人报以感激之心，因为创业有风险，不是百分之百都能成功。哪怕当时你很红，很多人推荐你、投资你，这都不代表你已经成功了。

融资只是一个数字，并不代表你就值这么多钱，也不等于你有这么多钱。如果你见了100个投资人，其中90个都不投你，这很正常，不必否定自己，也没必要在最终做成的时候，去讽刺当时没有投你的投资人。这些事都没有意义。

还有一点，往往因为创业者自身的虚荣，希望自己成为独角兽，或者市值排在多少名，所以会非常关注估值。但我常常见到一些创业公司因为融资过高、估值过高，导致下一轮融资很困难。因此，这不见得是一件好事。

为什么我在C轮融资的时候没有敢要太多的钱？还有一个原因是担心估值不够高，股权会被过度稀释。现在看来，这个估值真的没有一点意义，真正跟你砍起价来，人家根本不关心你上一轮是什么估值。如果你的估值很高，那么到下一轮估值只能更高；否则，投资方无法获利。这时候，倘若你的业务没有做到足够大，上市就会产生很多问题。投资者并不糊涂，不让公司上市，就无法获利。

大家常常觉得估值低会吃亏，其实只要业务做好，你想怎么样都是可以的。估值没有多大意义，可对于很多创业者来说，估值就像一个心魔，总是不由自主被它控制着。

选择投资人：不博弈，双赢

易到很大的问题来源于乐视本身。乐视收购易到，使易到的经营有过短期的上扬，但最后的结果其实是被乐视拖下水的。相反，我们再看看现在的神州和首汽，虽然被迫“冬眠”，但起码守住了，现在重新做，结果也不见得更差。

在公司业务发展很好的时候，会面临投资人的众多选择，这时就会涉及选谁的问题。从最实际的角度来讲，一个创业者在选择投资人时，本质上是看钱。其实，在选谁这个问题上，不能只看钱，还应该看到哪一个投资人的生态或者资源对自身的发展更有利。易到曾经有过被携程收购的机会，现在回想当时，也许卖给携程是最好的选择，主要原因是我自己不坚决。当然，即便我坚决一点，这件事也未必可以做成，可我作为创始人，至少应该再努力一些，努力到无能为力为止，发动更多的股东，去支持自己做这件事。

在选谁的问题解决之后，就涉及股东的结构调整。每一轮不同的投资人，都会有不同的诉求，但并不是每一个投资人都可以陪你走到底。

股东不宜过多，股东越多，要去处理的人和事也就越多。而且，这是一个很分散的股权关系：占你股权 1% 的股东，跟你能有多大相关感？能够全力以赴去帮你吗？通常情况下不太可能。因此，股东的结构需要不断优化。

如若创业者与投资人的关系处不好，是双方都有损伤的事情。二者之间，投资人甚至可能是更伤心的一方，我给了你钱，结果你还对我不好，如果你赚到钱，对我不好我也就忍了，但更常见的情况是，你对我不好，是因为没赚到钱。最后大家在外面互讲对方的不是，这是最坏的局面。

如何避免这个情况？我认为需要注意三点。

第一，创业者应该与投资人勤沟通，学会示弱。

投资人与创业者无法好好相处，通常来自信息不对称。创业者心理负担重，报喜不报忧；投资人没有信息反馈，心里没谱，导致双方没有建立起良好的信任关系。

在经营易到的时候，我就是这种情况。总觉得有了好事才要找投资人汇报，没有足够好的事就羞于沟通，坏事更是从来不跟投资人说，搞不定的事情也从来不跟投资人说。

其实，一个公司的日常基本是以坏事为主，好事为辅。平时都是各种各样的小事儿，半年不出一个大事儿就不错了，偶尔才会出个好事。

在这种情况下，报喜不报忧，其实带来的是与投资人的疏离，因为你没有那么多好事天天给人家汇报。这就埋下了一个隐患，到最后危机出现的时候，没有一个投资人会主动挺身出来救你。

今年我重新复盘，去找过去的投资人，和他们聊聊我当时到底犯了哪些错误，当时他们是怎么想的，怎么做的决策，因为距离易到失败已经有一年多的时间，大家可以说得比较真实一点。后来我发现，那么大的投资，其实没有人愿意损失，只要有人牵头，大家还是愿意出手帮我们一把的。就是因为当时我与投资人的关系相对比较疏离，彼此间只是公对公的客气，最终造成了没有人第一个站出来帮忙的局面。

现在作为投资人，我发现我并不怕知道坏事，最怕的其实是什么都不知道。一个公司最可怕的情况是，你问创业者团队怎么样，他说挺好的；你问市场做得怎么样，他也说挺好的；你问业务发展怎么样，他还是说挺好的。什么都挺好的，就是最后结果不好。

相反，如果有一个人随时告诉你：政府来找了，团队又跑了，代码泄露了。只要提出具体的问题，这个公司可能也没什么大问题。换位思考以后我才发现，创业者并不应该担心讲坏事，不要特意去憋着一个大好事去说，因为你没有那么多大好事。

所以，投资人对公司状态了解得越详细越好。你的这条“贼船”他已经踏上了，当你告诉他漏水的时候，他先想到的一定是和你一起补舱位，把水堵住。对投资人，求救、帮忙、示弱，展示自己的各种不行，其实是非常必要的。这不是说会哭的孩子有奶吃，而是为了及时补救，不耽误事。

每个人都有弱点，团队也未必天生强壮，任何事情都能搞定。如果你不求救，别人也不知道该怎么帮你。对你来说，投资人即使帮不到你，也不会造成你的损失。但万一他帮到你了呢？ 而且，把公司遇到的困难提前告知他，未来他也不会埋怨你。如果有一天，你突然跑到他面前说，公司下周就没钱花了，对投资人来说难道不是晴天霹雳吗？他也会有很大的怨气：平时干什么去了，为什么不早说？

凯叔讲故事的创始人王凯是我的好朋友。我觉得他处理投资人关系就非常好。他和投资人沟通很频繁，建了一个群，有事就在里面说：我有一件事，哪位有资源可以帮忙？有资源的就提供资源，没有资源的也聊一聊，不给别人很大的负担。如果你帮他，他会很高兴；你不帮他，也不会怎么样。所以，当凯叔对投资人提要求的时候，大家一般都很支持。

对于投资人来说，平时手中项目很多，时间有限，虽然不会主动地过度关注每一个公司的信息更新，但是创业者有具体的事情需要投资人帮忙，比如帮忙找个人、找个资源合作，投资人肯定会帮。哪怕创业者只是找投资人吐个槽、做个心理舒压，一起吃个饭、喝个咖啡排解一下，投资人也会很有成就感。

第二，创业者是公司最终决策的最后责任人。

一个投资机构，投了那么多项目，真正能够花在创业者身

创业者与投资人的关系不是博弈，
而是双赢。
如若创业者与投资人的关系处不好，
是双方都有损伤的事情。

上的精力是有限的。投资人对你的了解肯定不会那么深入，他是站在世界外面的人。

创业者和投资人究竟是什么样的关系？投资人在岸上看，真正做公司的创业者都是在水下实际操作。投资人的角色，是为你的公司发展提供资源和机会，但不要围着投资人转，也没有必要以他们的节奏为核心。你的公司融资越多，接触的投资机构就越多，越容易丧失自己。

易到曾经想过做打车业务，却三上三下，最终搁浅了，因为我们的投资人反对。后来我反问自己原因，表面上是投资人的否定，根源上还是因为自己没有想清楚，不够坚决，所以也说服不了别人。如果当时我在气场上足够坚决（我的确没有想清楚），就是要试，仍然会很有力量。投资人不会拦你，因为知道拦也拦不住。

在我做投资人以后，发现投资人的心态是：等着被创业者影响。我们希望创业者告诉我们，某件事是不是应该做、是不是必须做。哪怕我们认为这个想法是错的，也不会特别强势地去干涉执行。因为就算投资人强势干涉了，创业者也不会好好去做一件别人嘴里有道理的事，因为内心不会有认同感。对于投资人来说，只要不超越商业的游戏规则，没有欺骗，都是可以的。

作为创业者，还需要区分投资人传达的究竟是态度还是建议。如果投资人坚决说不行，你可以多听一听为什么，要让投资人有充分的表达。如果投资人针对你的业务要求你做什么，你要有自己的主张，不是让投资人替你做生意，帮你拿主意，如果那样你就完了。所以，创业者自身的判断和决定最重要。

第三，创业者与投资人的关系不是博弈，而是双赢。

很多人会自我设计，“我需要这个投资人、那个投资人，他们以后能提供什么资源给我”。我的忠告是：不要过多指望。投资人除了给你钱，并没有帮助你的义务，所有的帮忙都是额外的惊喜，而且很可能他也没有那么多资源，能帮你做的非常有限。

我曾经也有这样的妄念。讲流量的时候我讲过，携程曾是易到的大股东，我当时理所当然地觉得会得到携程的全力支持，觉得机票流量、酒店流量都能导给我，这样就可以跟用车捆绑销售。那个时候，我的团队也是这样的心态。结果我们抱着这样的心态去和携程谈，携程在这件事上一点都不给力，我们还觉得他们很官僚。其实这样想是不对的，人家并没有这个义务去帮你；我们也没必要想着自己被投资，就可以如何如何。对你来说，这只不过是多了一个机会而已。

创业者与战略投资者之间产生良好业务关系的前提必须是双赢。曾经的我并不能理解这个前提，想把携程所有的流量都要到手里，恨不得在携程机票的确认界面上再塞一个用车选项。但携程的机票事业部没有同意，因为多加一个东西上去，会影响机票本身的购买转化率。

双赢的前提是，一方面你可以获得战略投资者的流量，另一方面你的业务也有利于对方的生态成长。如果人家输出了流量和品牌，你却不能形成回流，就无法形成合作。从投资人的角度来看也是一样的。

为什么现实中所有的对赌都是失败的？因为它是一个建立在糟糕前提下的赌约。投资人花高价，加入高估值的创业公司，这也没办法，因为他想加入，但他会要求创业者给一个业绩的承诺：如果你做不好，得还给我多少多少。

以巨大失去感为前提的赌约，这种情况是多么糟糕啊！如果公司最终没有做出来，愿赌服输给了投资人当时承诺的金额，又能怎么样呢？在我看来，所谓的对赌应该都是正向的赌约：如果达到怎样的目标，就多奖励你点什么，双方皆大欢喜。

总的来讲，我们常常把创业者和投资人之间的关系误认为是一种博弈关系，是控制与反控制的关系。实际上，创业者与投资人更应该是朋友关系，有问题有矛盾，把问题和矛盾摊开，解决问题，化解矛盾，寻找利益上的平衡点。

退出与套现

创业的时间可能会很长，创业者也自然会碰到资金困难的情况。这时，创业者会想用老股套现，但投资人在卖老股这件事上非常敏感。为什么？以投资人的心态，巴不得创业者与公司一辈子绑死，绑得越死，投资人会觉得越踏实。如果创业者通过卖老股来大幅度减持股权，投资人就会想是不是创业者没有信心想跑了？是不是创业者对自己的公司没有太高参与度了？投资人不像创业者那样了解公司，必然会有这样的担心。

对创业者来说，心中也存在不确定性：公司已经估值30亿元，我是不是可以卖一点老股出去兑现，谁知道以后会怎么样呢？在这个时候，投资人和创业者双方是一种很微妙的心态。

这时候该怎么处理呢？首先要信息透明。有人想买你的老股，你卖或者不卖，至少要让投资人知道。其次要先人后己，了解别人的需要，让利于人。最后要充分表达自己的需求，比如你可以直接对投资人说："我想卖点自己的老股，留点活路钱，稍微宽松一点，你看行不行？"

其实，当你真诚沟通的时候，基本没有不行的事，只要不是盲目地进入博弈状态。想为自己做资金储备，这是人之常情，投资人不会为难你，也没有说作为创业者就要干到死。

如果把上述三点都处理好了，在分钱上通常就可以取得较好的结果。其中的核心是示弱，而不是用强者的姿态去博弈。如果你用这样的姿态去博弈，就算当下投资人屈服，两者之间的关系在未来也会很糟糕。

第六章

重新理解领导力

创业 20 多年，我管过很多公司，但易到这一段的创业经历给了我非常大的打击。我一度非常心虚，怀疑自己没有领导力，甚至觉得以后干点不需要领导力、只需要判断力的事就可以了。当时我已经不敢想象再去领导几百人、几千人，甚至更多的人。

虽然对自己很失望，但我还是希望获得领导力，毕竟领导力很重要。在易到遭遇重创之后，我开始认真思考领导力的问题。2015 年网约车大战，对我来说是很大的打击，那时候我们已经挡不住对手了，不仅钱挡不住，团队也没有了战斗力。倒不是说已经坚持战斗到最后一刻血流尽了，而是觉得这仗已经没法打了。

这一次的失败，让我更想弄清楚领导力到

底是什么以及怎么去获得它。首先我给领导力下了一个定义：领导力不是有多少人听你的指令，也不是你能命令多少人，而是你对别人的“激发”有多大。所以接下来的问题是如何获得领导力。

这几年我很有幸，能近距离地跟很多一流的企业家去畅谈，其中也包括一些学界企业家。我想从他们的个性特点、团队氛围、公司文化中找到一些关于领导力的规律。这个过程，让我打破了原先对领导力的认识，也得到了三个新的认知。

领导力首先是做自己

领导力有没有模型？可不可以建立起一个可以学习和复制的领导力模型？

马云这么有领导力，雷军这么有领导力，马化腾这么有领导力，刘强东也很有领导力……这些企业家都很有领导力，我就想学习学习，看看人家的领导力到底是怎么回事儿，有没有什么共同点。研究了这些成功的企业家之后，很快我就有了一个新的认知：他们都是不一样的人。

比如雷军，他是非常勤奋的企业家，从早上8点工作到晚上9点，这点我自认为做不到。我也看到马云口若悬河的感染力，能把所有人的激情调动，我能学吗？也不行。很多优秀的企业家都是很有领导力的人，但是他们都是如此不一样的人。

如果我也要具备领导力，我该怎么办？要向谁学习？

我发现，眼中看到的这些企业家，每个人有着不一样的个性，并不是只有一个模式的领导力。既然领导力没有一个标准的模型，我就燃起了一种希望：谁说只有某一种特质的人才有领导力。

其实更早的时候我也有类似的体会。第一段创业，我是跟我哥哥一起，当时我管公司的业务，他管外部关系。我们两个人性格完全不一样，他人际关系特别好，很会照顾别人，而我就比较自我，不太关心人。按世俗的眼光，我哥哥一定很有领导力。事实也是这样，公司被我们管理得非常好。但我也发现，其实公司有一拨人更喜欢跟着我工作。

还有一个例子，是我看了《腾讯传》后的感触。一开始觉得是马化腾对失败、失误的包容造就了腾讯。如果没有对原来一些边缘化部门的包容，比如QQ邮箱的包容，就不会有后来的张小龙，更不会有现在的微信，所以“包容”这个词可能就是马化腾塑造的领导力。但我的朋友梁宁告诉我，事实不完全是这样。她近距离观察过腾讯，虽然从最终结果看是马化腾的包容带来了创新，但实际上马化腾是一个做决策比较慢的人，尤其是当他面对错综复杂、可能让别人尴尬的事情时，他往往不知道怎么处理。当不知道怎么处理的时候，他就不去处理，这就得到了一个结果：他对边缘化部门的包容。

这个例子让我突然意识到，领导力好像并不等于我们熟知

获得领导力的秘诀，
首先就要做自己，
尽可能全然做真正的自己。

的那一堆词，比如勇敢、果断等。一个决策很慢的人，也可以非常有战略眼光，非常有领导力。

于是我终于释然，并得到一个结论：我不需要去模仿谁，不需要去学习谁，不同性格特质的人，都有可能形成自己的领导力。所以，获得领导力的第一个秘诀，首先就是要做自己，尽可能全然地做真正的自己。

我终于可以做真正的自己了，但是接下来一个问题是，我能领导谁呢？

你只能领导你喜欢的人

做自己不等于可以任性地做自己，我们还需要领导别人。我问过很多人一个问题：你到底能领导谁？我给出两个选项：你能领导爱你的人还是你爱的人？好像所有人不假思索的反应是，当然是领导爱你的人。这么多人爱你，他们就愿意受你的驱使，愿意为你去奉献，所以你对他们自然就有了领导力。

当时我很质疑这一点。明星动不动就过千万的粉丝，他们是不是很有领导力呢？显然不是，明星并不是这个社会最有领导力的人。

你认为你能领导爱你的人，当你试图用这种模式去获得领导力的时候，你自己会异化，会刻意地扮演别人眼中那个“好”的你。在不同人面前，你越来越多地扮演一个不真实的自己，这就跟第一点——做自己——相悖，所以我毫不犹豫地否定了这个答案。

我后来思考的答案是：你只能领导你喜欢的人，你能喜欢多少人决定了你领导力的边界。你可以谁都不喜欢，甚至连你自己都不喜欢，但这意味着你连自己都领导不了。所以，当你对一个人的标签打得越少，就代表你对他的接纳度越高，对这个人的领导力也就越强。

这方面对我影响最深刻的人是茅于轼。茅老也是创业者，他在退休以后做了三件事情：60 多岁创办了天则经济研究所，70 多岁创办了扶贫基金会，80 多岁创办了人文经济学会。每做一件事情总会有一大堆人特别希望能跟着他，参与其中，或者捐钱，或者成为这件事情的一分子。

我刚认识茅老时觉得很奇怪，茅老虽然 80 多岁，但他特别单纯，单纯到什么程度呢？我们跟他关系比较近的人都害怕他上当，因为总有人找他，今天这个事儿找他，明天那个事儿找他，很多都是陌生人。他似乎对任何人都没有戒心，有求必应，不管你高低贵贱，哪怕你是个小孩儿，给他写邮件他也必回。你找他办什么事儿，只要看日历有空，他就会说："我可以。"

在这样的情况下，我们多么担心他上当、被利用，但是这么多年过去，这种事情基本上没有发生过。后来我们在想：为什么没有发生？当然有可能是他的运气，更为重要的是，我从茅老身上感受到了一种强大的领导力。我的体会是，他的领导力来自他爱人的能力。我们作为年纪只有他一半的人，在一起时还经常说他的不对，这不靠谱，那不靠谱，他对我们的意见竟然完全平等地接受。他会说："你说的好像很有道理，我好好想想。"后来我觉得他几乎是接近于圣人的一个人，因为他爱人的能力太强了，全然地爱了所有的人，心中几乎没有恨。

那全世界谁最有领导力呢？肯定是神。神爱所有的人，是富豪也好，小偷也罢，他全部都爱。这样看来，神几乎拥有对我们所有人的领导力。所以我才说只能领导我们爱的人，而爱人的能力、爱人的范围决定了我们领导力的边界。

我在易到的时候，跟同事的相处就不是那么多，没有一天到晚跟他们泡在一起。而且当时我喜欢人的能力也很有限，可能我只喜欢一小部分的人，有明显的亲疏远近。虽然有的时候会跟同事们在一起，但我觉得那只是团队建设的需要，并没有真正享受那个过程。所以，这个状态肯定影响了我当时的领导力。

寻找与你最相匹配的领域

尊重内心的真实感受，这自然会引出领导力的第三个要素：找到你真正热爱的领域，你的领导力只能在你所匹配的事务上予以发挥。也就是说，创业要选择适合你的事情。

举一个例子。林肯是美国历史上最伟大的总统之一，是全世界最有领导力的人之一，但他并不是做什么事都有领导力。在做总统之前，林肯曾经在军队里管过一个排，那个时候的他可以说毫无领导力，后来还被军队劝退。但是当了总统之后，他表现出了极强的领导力。

再举一个例子。2007 年，阿里刚刚收购了雅虎，曾鸣教授去做雅虎 CEO，他让我去做顾问。我因此看了很多业务，临走的时候给曾鸣教授提交了一份报告。我在报告里说：第一，雅虎的搜索肯定守不住；第二，只要雅虎还在阿里的大体系里面，肯定做不好。原因就是阿里做电商、偏销售，而雅虎做门户、做新闻，基因就不一样。再比如，阿里后来也尝试做社交，但一直不温不火。没办法，这是企业的基因所决定的。

现在让我回溯一下，其实易到并不是我最想干的事情，只不过通过理性地判断，在想干、能干和可干之间，我找到了一个交汇点。当时我想干的事情很多，但那些事不见得是我在创业中该做的商业选择。

易到后来遇到的挑战，跟我的个性包括团队的特质有很大关系。易到 A 轮融资的时候，[illegible]个投资人跟我们谈过，当时签了投资意向书，可还是没投。后来他评论说，易到所做的事情和我这个人的特质不太匹配。当时我听了不太服气，现在我必须得承认，他说的是对的。所以在易到，特别是到了竞争补贴的阶段，在很多关键时刻，我没有做出最合理的选择，这和我的性格特质有关。

有很多人认为易到最后没打赢这场仗，是外因造成的。外因当然是存在的，但我觉得从本质上来说，是因为易到所做的事情不是最适合我的。从这点来看，我就没那么大的遗憾了。

在消费升级和追求品质的浪潮中，可能我会再次找到非常适合自己的事情，但是在考虑下一个创业项目的时候，我更想去找自己内心真正享受、真正热爱的东西，更接近于我内心深处最需要的东西。

这些经历给我的启示是，不管是一个公司还是一个人，都要找到适合的、跟自己的特质相匹配的事情，这样领导力才有发挥的空间。

不过不要担心，不管你是什么特质的人都可以获得领导力，因为人人都有领导力。在获得领导力的过程中，我总结了三点分享给你：

1. 勇敢地做自己。

2. 去搭建你真正喜欢的团队，因为你只能领导你喜欢的人。

3. 去做与你的特质和领导力相匹配的事情。

我相信你的领导力一定会得到充分发挥，你也将成为一个有领导力的人。

第七章

领导者的自我成长

对领导力重新理解之后，我想谈谈领导者自我成长的问题，当然，领导力也是领导者个人成长中很重要的部分。

我看到大多数公司的领导者或者CEO，最后成了公司发展的瓶颈。但是为什么有的CEO可以随着企业的发展快速成长呢？这时候，一般我们会用一个大而化之的说法，认为这个人的学习能力很强，所以快速成长起来了。自然，学习能力弱，成长起来就比较慢。

在我看来，最好的成长方式是从失败中学习，这也是我们最初的原点。为什么需要学习失败？学习失败的目的不是为了避免失败，而是从失败中学习成长。首先你要学习面对失败，敢于承认自己的失败，并且接受它。我很坦然地接受了失败，然后就想应该从这段失败的经历中学习什么。在学习中成长，然后再次出发，这就是学习失败的意义。

归功于外，归因于己

失败的类型虽然不一样，但大多数人面对失败的时候是逃避的。比如，我看到身边有的创业者，第一次失败，他认为是政策等不可控的因素导致的；紧接着第二次创业，又失败了，他认为是合作方搞垮了他，合作方是骗子。他的人生几乎一次一次陷入同样的循环之中，尽管时代不一样，遇到的具体的事情也不一样，但是他的成长模式却一模一样。

于是我就会去想，为什么每次他会掉进同一个坑里呢？因为他把问题全部都归结于外因。人们总是喜欢归功于己，归因于外，成功了都是自己的功劳，失败了都是别人的原因。恰恰相反，我觉得应该归功于外，归因于己。

什么是归功于外？一个企业的成功，本质上是时代造就了你，没有大的时代就不会有你。任何一个企业的成功本质上都是时代的产物，当然你能敏锐地抓住时代赋予的机会也很重要，但是没有一个大的时代，你不会成功。

什么是归因于己？就是失败了更应该多在自己身上找原因。我特别不喜欢朋友对我的安慰，虽然我知道朋友是好心安慰，说只不过是我运气不好，只不过是没有“抱上大腿”，只不过没有料到移动支付大战……这些托词很宽慰我，但对我来说可能是害我。

也许我更应该想的是，为什么巨头选择了别人而不是你？这就不能简单地用运气解释。如果都归因于外，就会轻松地放过自己，就会逐渐地认为所有的时运不济都只不过是运气。这样下去还会掉进同样的坑里，也不会学习到什么。

我觉得人能看到自己认知上的问题，还不够痛苦，痛苦的是看到人本身的问题。因为当你看到自己有这么多的问题时，其实很难面对。人不愿意看到自己不好的东西，只有足够痛的时候，才会愿意停下来看看自己。所以，面对失败，从痛苦中学习，这将对你大有裨益。

领导者要成长就要“复盘”

所谓的失败不是说，一件事情过了好几年终于有了结局才叫失败，做事情的过程中也有失败的地方。

所以，除了团队要复盘，领导者在成长中更应该复盘，每天复，事事复。复盘是最好的学习过程。比如，你跟同事开一次会，就应该复一下盘：“我们今天谈得怎么样，好在哪儿，不好在哪儿，为什么不好。”通过这样的复盘，我们就可以很快从中学到东西，也让下一次做得更好。

我自己对此深有体会。大事小事时时刻刻复盘，是一个非

人不愿意看到自己不好的东西，
只有足够痛的时候，
才会愿意停下来看看自己。

常好的学习和成长工具，而且这也会让团队之间的关系变得很好。这种关系不能简单地理解成人与人之间的关系，它甚至决定了公司整体的能力和在关键时刻能聚集的力量。

所谓公司政治就是，你说我不好，我说你不好，我跟他一派，你跟他一派；一起工作，就会说两个人能和和气气、互不拆台就已经很不错了。可是，同事之间井水不犯河水，本质上就是没有战斗力的体现，必然会一冲就垮。当他离开这家公司，还会抱怨这家公司的文化不好，难道他自己不是这家公司文化的一部分吗？所以，我认为复盘对团队之间的关系也有很重要的作用。

这是我谈到的关于成长的第二个方法。当然，如果你能力强，自己就可以复盘。比如，你跟同事谈完了，再花 5 分钟复一下盘，这是一个很好的习惯。

学会示弱

有些人太喜欢示强，喜欢挥舞着“花翅膀”，天天在各个论坛活跃，让别人看见自己多厉害、多么好、多么多么强。他们好像都能预知未来，大谈特谈自己过去做得多么好，对未来多么有远见，前程多么远大。

这些行为恰恰应该反向思考。要成长，就得学会示弱。我发现好的 CEO 都很会示弱，总说“我不行，你告诉我，我该怎么办”。在这一点上，我觉得自己吃了很大的亏，因为我特别不愿意示弱。

很多人都是如此，不愿意让别人看到自己不行，不愿意把那个弱的、自己不明白的东西暴露出来，不会去讨教，经常害怕别人说“怎么连这个都不知道”。我们只想展现好的，跟别人夸夸其谈，谈自己懂的、擅长的，却从来不敢示弱。

有一次我跟朋友一起参加一个饭局，席间有一个资深大佬。他跟我们说，如果我投资你，那么能带给你额外的东西，因为我还会帮助你，指导你运营。但我当时的心态是，“你那一套早过时了，怎么还能指导运营呢？”对此我就没有往心里去，但是我发现，朋友就一直不停地请教大佬问题：这件事到底该怎么干？那件事该怎么干？我在这方面不太懂，你能不能跟我说说？可见，我和他在示弱这点上差别很大。

人的天性都是好为人师，如果你主动去请教别人，人家一般都是愿意告诉你的，他说得对错与否不一定，但有个潜在的好处：示弱后，不仅让更多新的知识进来，当你敞开心扉的时候，还会有更多人愿意帮助你。

前段时间曾鸣教授和我谈了一次话，他说：“你自从创立易到，有四年都没找过我。”我说：“老觉得自己没做出个样子，不好意思找你，只能每年礼貌性地跟你汇报一下。”他说：“你知道吗？你因此错失了很多机会，错失了很多可以帮你的资源。”那一刻，我明白示弱或者敞开心扉去请教别人，多么有利于自己的成长。

学会向别人求助

学会求助，也是很好的成长方法，因为我终于意识到，“肌肉”练得更好、能力更强是一种成长，学会求助也是成长的一种表现。这也是我的教训。

2017 年，我很认真地找了各个阶段的投资人聊了聊，回顾当初我到底犯了什么错误，他们怎么看待这些错误，为什么当时他们做了那样的决策。

有一个投资人告诉我：“我们当时是想救你的，但是你从来没求助过，因为我们是小股东，要救大家一起救，你也没站出来说，那我们当然也不会主动。我们肯定愿意选择对我们最有利的方案，如果说有机会套现，有人买走，当然愿意卖掉。如果你说需要大家凑一笔钱，还想接着干，我们都愿意支持你。”

回到当时的真实情境，虽不一定像他说的这样，但也反映出一个很大的问题：我都已经成那样了，公司的经营因为没有处理好，还跟 LS 打了一场“狗血战”，却还是不肯求助。这其实是我的问题。

很多时候，创业的过程都是被别人抬上去的，不是你真的有多强，而是因为别人这儿抬你一下、那儿抬你一下，可能你就上去了。也许我们应该把更多的人拉进来，拉到自己船上，这样反而更好。除此之外，你也应该争取更多的资源。

你示弱，学会向别人求助，其实会有很多人愿意把你架起来，因为强者的天性就是愿意帮忙。假设哪天马云跟你说：“大哥我不行了，能不能帮帮我？”这时候，你肯定会想到应该帮人家。就像我们在路边看到一个乞丐，产生恻隐之心，我们也会给人家施舍些钱财。所以说学会示弱、学会向别人求助很重要。

其实，去不去商学院学习没那么重要。在个人成长中，学知识也好，寻找更多的机会也好，真的没那么重要。当你终于感到痛苦了，经历过失败了，恭喜你，你终于有机会可以有巨大的成长了。只是在这个过程中，你要不断复盘、示弱和求助。

避免怕输的心态

很多人之所以不成长或者成长得慢，特别是中年人，很大一个原因就是想赢怕输，就是害怕失败、不敢去试。其实这会阻碍你的成长。我后来想，在这么好的一个时代，不管是我个人的投资过程还是经营易到的过程，真的错失了太多机会。尽管我们很不错，抓住了时代的机会，但依然错失了太多能够帮助我们的机会。错失机会就是因为我们对还没发生的事情选择了否定。这怎么理解呢？未来的东西都是不确定的，我们很容易否定未来的不确定。

比如，前几年有人对罗辑思维的模式予以否定，甚至否定自媒体。可能他们说的是对的，因为同时代的自媒体大多数没有成长起来。所以从当时那个时间点来看，价值可能就不大。但谁能预料到罗辑思维从一个自媒体的脱口秀，最终变成了这么大的一个内容服务平台？没有人能够预见这条路径，我甚至相信罗振宇、脱不花也预见不到这条路径，而这样的结果正是在这条路径中慢慢尝试、演化和成长出来的。

今天站在投资人的角度，尽管多数自媒体没有成长起来，但如果我当时投了10个自媒体，只长出一个罗辑思维，我也大赢，哪怕其他9个都死掉也没关系。

前段时间，我很痛苦，因为刚开始做投资，特别容易看到项目的问题。每次我看到一些项目的问题，会习惯性地否定，心想大不了一个也不投。我还会在心里这么想：投你们的这帮人过两年就知道苦头了，今天的钱都会打水漂。

其实这是没有意义的。现在我明白了一个道理，投资就跟打牌一样，靠什么赢？只有相信巨大的不确定性，你才会赢。反之，为什么会输？因为相信了确定性，觉得这事儿一定成了，结果一大把钱投下去，发现不是那么回事儿。后来我在想，如果我选择相信更多的不确定性，可能会投错很多，但也许会大赢，起码比现在赢得多。我还是相信，没有不能承受的风险，只要机会足够大。

比如在打车这件事情上，我开始判断说这个业务有需求、没模式。就事论事，当时的观点是对的，打车就是没有模式，但是我没有看到打车后来演化出来的东西。所以说要选择相信不确定性，想不清楚也要选择相信。当时我只做了自己认为正确的事情，错失了很多机会。

投资更是如此，往往输大钱都是因为你太相信一件事情能成，大手笔一把投下去，结果让你输的往往都是这些确定性。市场就是这么奇妙，永远论证不清不确定性，因为我们没法去讨论发生在未来的事情。所以说当有巨大不确定性的时候，要选择去相信不确定性。

第八章

如何打造一个团队

对于一家创业公司，除了找钱之外，最重要的任务就是找人。事实上，在公司发展的每一个阶段，找人的方法都不尽相同，要有所区隔。

公司初创时期，寻找合伙人，这是第一阶段，要做的是“长心”，即寻找与你志同道合的朋友合伙，搭建公司核心的文化与价值观；有了合伙人之后，就开始搭建初创团队，这是第二阶段，要做的是“搭骨架”，即寻找对你和公司有信念的员工，确保公司有效运转；等到公司发展壮大，需要招募“牛人”，这是第三阶段，要做的是“长肉”，即进行团队迭代，让公司稳步发展。

长心：寻找志趣相投的合伙人

第一阶段肯定是寻找合伙人。合伙人是创业公司的核心，不需要太多，最多也就几个人。一般情况下，寻找合伙人几乎只能在自己身边找，找认识的、志同道合的朋友。合伙人的状态、水平能力，其实就是你当时状态的投射。说白了，你是什么人，基本上也只能找到和你一样的人。

好的合伙人关系没有统一的模式，却有一定的逻辑。新美大（大众点评网与美团网战略合作后的名称）的王兴、携程的梁建章，都建立了“追随型”的合伙人形式，在团队中，有较为强势的地位。凯叔讲故事的凯叔和朱一帆，尽管两个人认识的时间不长，却形成了“背靠背”的合伙人形式，各自负责各自的领域，也合作得很好。

一个坚实的合伙人关系，是奠定整个公司组织发展的精神核心，这点不容小觑。那么到底是志趣相投更重要还是能力互补更重要？以前我的答案毫无疑问是能力互补，现在我可以大胆地说：相互喜欢比什么都重要，尤其是最开始的核心团队，彼此一定要足够相互喜欢。如果还不够喜欢，就要花很大的精力去培养。

很多人误认为找合伙人，能力互补更为重要。比如我会技术，就找一个产品型的人合伙，再找一个销售型的人。其实不是这样的。虽然从普遍意义上来讲，创业公司合伙人的关系多是能力互补型，但在现实中，以此结构能够处理好合伙关系的公司并不是很多。

我也反思过，易到的创始团队从能力上看非常不错。我、杨芸、汤鹏，三个人能力互补，人品也都很好。后来我们也坦诚地聊过，三个人在一起创业更多是因为能力互补走到一起，但在文化内核上，可能并没有磨合得很好。正是因为在文化上不能形成强认同感，即不是发自内心的喜欢，所以易到在后续很多关键问题的决策上，实际上我们是跟不上的，因为我们三个人没有真正形成共同的价值主张。

这可能就不是一个特别理想的合伙人关系，我们的性格和认知都有所差异。尽管我们是共同创业了七八年的朋友，能够在一起互相支持，但我们并不是最好的合伙人状态。当然，这仅仅是状态不够“理想”，却不是所谓的“遗憾”。

那么，什么是志趣相投呢？这并不意味着性格一致。你想一下，跟你关系好的朋友，往往都是性格迥异的人，但一定是以共识和相同的爱好为基石。这个基石就是志趣相投。与合伙人之间互相欣赏，才可能互相信任，这一点非常重要。

信任，是合伙人之间的必要条件。有时候，合伙人关系与婚姻或恋爱关系是类似的——争吵不可避免，但你们要确保不会因为争吵就决定就此散伙。这种信任，需要花很长的时间去培养。正如恋爱一样，从一个有好感的对象，到真正成为恋人，需要花精力经营，不是说两个人搞一个项目，谈好条件就可以了。当有了家庭之后，更需要深度的交流。只有这样做，才能让彼此有足够的了解，既了解对方可欣赏的部分，也了解对方的弱点。

这不是为了“看看”，而是为了接受——你们因为创业成为一生挚友，你愿意和他一起做事情，哪怕这件事最终没有成功，也不会觉得遗憾。所以，这是一个相互选择的过程，也是为了避免产生这样的抱怨：当初你和我刚合作的时候还那么有激情，怎么一遇到事儿就不行了呢？

搭骨架：寻找信任你的初创员工

有了合伙人以后，大家就开始一起搭骨架，寻找初创时期的员工。很多人在找创始员工的时候，都希望找“最好的人”。易到最初创业的时候，我也是这样的想法。后来发现，这就是一个妄念。因为我们要面对的现实是：既没有钱，也没有品牌，生死未卜，最好的人凭什么要选择你？在这个阶段，能找到愿意跟着你一起干的人就不错了。如果是找合伙人，要找你相信的人；而找初创员工则是相反的标准，要找相信你的人。

实际上，初创员工宁可“笨”一点也没关系。我也遇到过“分析型”的人，把你的业务和公司状况分析得底儿掉，做个事情靠不靠谱，要先被他论证一番。对于一个初创公司来说，一切都还是雏形，所以，要告诉他这番事业一定靠谱，对你来说非常吃力，从对方的角度来看，也很难被说服。

这类“分析型”的人，往往是外企高管，本身头脑很好，也很会分析。对于新机会，他们有投机心理——向往互联网创业，本身收入也不错，因此，他们对于创业初期的事业，会从审视的角度出发。

我就碰到这样一个人，跟我前后“纠缠”了10天，依然“纠缠”不清。今天被你说服了，明天可能又有一件事想不明白，跟你聊半天。我也会因此觉得沮丧，反思是自己的说服能力不够，还是诚意不够。

这是一种很消极的状态，还浪费了大量时间。所以，在初创时期还不如不找这样的人，寻找那些简单的、愿意相信你的人反而更好一些。初创公司的事业未来如何发展，可能连创始人也说不清楚，可是有人觉得这件事挺好，愿意相信你，或许他不够优秀，但这些都不要紧，在一个公司搭骨架的阶段，最应该做的是尽可能地凝聚相信你的团队力量。哪怕你们的创业最终是错的，但因拥有一帮狂热的“粉丝”，相信你，跟随你，整个团队也会呈现出一种“相信”的状态，这种状态比高学历团队要好得多。

在现实中，有很多几十个人的小团队创业公司，业务还没有真正跑出来，最多也只是一个基础不错、有点小名气和小影响的小公司，却误以为自己该进行到下一个阶段——到市场里挖牛人。

帮助人才在新的公司环境中“活下来”，
本质上是一个共同成长的关系。

事实上，只要你的团队没有发展到一二百人的阶段，就没必要想所谓的“长肉”。在这个时期，你对牛人是没有吸引力的。虽然你可能自认不错，但是真正投入到整个人才市场中你就会发现，和你有同样竞争力的公司多得是。真正的牛人，不见得会把你当作优选。这个阶段，就踏踏实实地在朋友中找吧。有人愿意和你做，那是人家相信你，已经很不错了。

长肉：学会留住牛人

公司融到资，业务也有了一定的发展，团队就要扩张。这个阶段应该怎么招人呢？这时候就没必要再局限于小圈子里找人，我们需要进行下一步的转化。借用猎头的一个术语，要mapping，即地图式搜索。

有一次，一个朋友要创业，他觉得我更熟悉那个行业，请我帮忙推荐两个人。尽管我可以推荐，但还是拒绝了，因为能推荐的也只是我目所能及的人选，未见得真的适合，也不一定是业界最好的。这时候，需要用更专业的方式，请专业的猎头机构帮忙，请他们充分地 mapping 每一个领域中有可能会适合自己公司的优秀人才。这样做，人才与公司的匹配精准度会更高。

我们刚刚谈的只是找人的部分。接下来要做的，是把自己想要的人才真正签下来。要知道，优秀的人才，选择未必只有一个，主导权在人才手里。那么，优秀人才选择企业的标准是什么呢？

首先是收益。这里的收益是指当期收益加预期收益，也就是薪金和股权。很多创业公司往往会回避这个问题，说事业如何有前景、理想如何有情怀，就是不谈收益。最后一谈，又让人很失望。

在我看来，无论你的事业有多伟大，都不应该要求人才降薪加入，至少应该参考市场的平均薪酬以及人家原来的薪酬，该给人家多少钱就给人家多少钱，而不应该以“创业公司钱少”作为理由。既然钱少，为什么还要招那么多人？钱越少，就越应该把钱给适合的人，让他做更多的事。没有人理所当然地陪创业者吃苦奋斗。

要想一想，即使这个人真的被你降薪忽悠来了，他心里一定会有牺牲感，会造成心理失衡：“我都降了这么多薪，为什么还对我不好？为什么当时说得天花乱坠，现在却要骂我，调我到低级的岗位？”

其次是态度。我发现对于被招的人来说，一家公司的老板或者与他对接的人是否让他觉得交谈甚欢，对他是否愿意加入公司的决定至少会起到 50% 的作用。人的感染力甚至可以让他把公司靠不靠谱排在次要位置。

这就是一家公司选择创始合伙人以及核心员工如此重要的原因。他们对人才是否渴望，对人态度是否温和，会对后期招纳优秀人才起到决定性作用。如果你说一句“我们公司就缺你这样的人，你能来我们公司会更好”，它的作用甚至比一个特别有光环的老板或是公司响当当的名气来得更重要。

最后是找到对的人，帮助人才尽快适应公司。这时，挑战才刚刚开始，这意味着你需要倾注比以往更多的精力。

一个公司从选择接触一个优秀的人才开始，到真正把这个人引进公司，可能会花好几个季度的时间。如果这个人来了不到半年又跑了，连公司和业务怎么回事都没弄明白，更谈不上创造什么价值，无论对于个人还是公司，都是时间上的浪费。

帮助人才在新的公司环境中“活下来”，本质上是一个共同成长的关系。很多公司不注重这个阶段，把大量的精力都花在做事上。一个牛人到了新的职场环境，说严重点，就和上刀山下火海一样，一方面有老同事的挑剔、挑战和排挤，另一方面还要做事情来证明自己。这其实是最懒也最简单粗暴的做法。用一个项目去试一个新人，如果他能成长，当然很完美，但这样的概率也许只有 5%。难道我们的责任不是让更多的优秀人才有 50% 的成功率，而不是那 5% 的成功率吗?

这样的代价往往很高。首先，你需要付出很大的代价去留住这 5% 的人，他们肯定很贵。其次，在公司能够活下来的人寥寥无几，等到公司真正业务大发展的时候，就会发现人才捉襟见肘。

有时候，你会发现这样的情景：一个当初你认为能力很差的人，你没有选择他，但这个人去了另外一家公司，却做得特别好。为什么？也许我们应该反思：为什么公司的人才漏斗这样窄、对人才要求那么高，存活率却这样低？

把人才招入公司，再给他们一个丛林环境适应生存，其实是资本过度造成的资源浪费，结局不会太好。反之，应该用充分的精力帮助人才在组织中获得成功，而不是挑剔他们：你们拿了我这么高的薪资，理所当然地就应该表现优秀。如果是这样的心态，新人在公司的存活率会很低。

我们可以换个角度想：组织千辛万苦费了大把力气才把这个人招进来，如果最终没留下他，本质上是你的错。

集体面试：缓解团队更迭带来的矛盾

很多人觉得牛人扎堆去了一家公司，这家公司就会不一样。要知道，大批量高管在短时间里从不同行业和领域快速聚集到一个公司，公司肯定没有精力快速完成整合，这是非常危险的。

当年的 LS 就是这样。来自各行各业的高管进入 LS，简直令人眩晕。但事实上，LS 完全没有对这些人进行整合，只是让他们无所事事地一起瞎混。有的人比较有抱负，混几个月混不下去就走了；有的人年纪大了，就继续留下来“养老”。

绝大多数的创业公司，其实并不具备短时间消化太多外来同级别高管的能力。尽管公司有各种各样的问题，但不能指望引进一堆高管把这些问题迅速解决。初创公司的“草台班子”是怎么起来的？两三个合伙人，再加上十几个凭着相信你而组成的团队，水平不一定很高。

如果运气好，赶上一件好事做大了，就开始招纳高端的人才。这时候，就会出现矛盾：初创团队觉得所谓的高端人才是“银样镴枪头”，只是个摆设；而新来的人也会看不上所谓的“老人”，觉得他们水平不够。这种职场问题很常见。

团队的迭代是每个公司都要面临的永恒难题。一边是创始元老说你“过河拆桥”“卸磨杀驴”“冷酷无情”，另一边是公司从融资到团队扩充，每向前走一步，都需要团队的迭代。如果让这些“老人”当高管，让新招募的牛人在他们手下做事，会出现很大的问题。当“老人”搞不定新人，新人又不服“老人”，这个公司就完蛋了。

还有一类老板是这样的：特别有决心，大刀阔斧地前进，“老人”调离关键岗位，全部起用新人。这会造成什么局面？被冷落的“老人”不甘心，绝不会再主动伸手帮你，甚至可能会明里暗里使绊子去证明新人不行，新人干了半年，也就走掉了；老板没办法，再把旧兵请回来。这样的情况也很常见，LS就是这样。

理想情况是什么样的呢？团队在前进的过程中，新人不断加入，“老人”努力帮助新人融合，发挥其作用，同时让“老人”在公司找到合适的位置，继续发挥自己的能力。如果过不去这个坎儿，一个企业就很难成长起来，甚至会死在“人”的问题上。

如何解决这个问题呢？集体面试。很多公司在进入大规模招募人才的阶段后，会采用逐级“一对一”的面试方式。我的建议是，让公司员工集体参加面试新人的过程。

公司可以划出一个面试小组的员工库，以员工在公司的年限、评级等条件，让公司的员工加入。每有面试，三五个人组成一个代表公司的面试小组，谁有空谁参加。这样做有两个好处：

1. 可以让已经成为公司员工的每个人都很有成就感，让他们觉得“原来我也可以决定公司进什么人”。

2. 既可减轻公司 HR（人力资源部门）的工作负担，又可让员工有很强的参与感。

在公司里，经常会遇到员工抱怨老板的情况。员工认为老板招聘的人是凭关系或者凭颜值等，觉得老板鬼迷心窍。事实上，每个人会为自己的选择负责。这些人不一定懂 HR，他们只需凭感觉判断：愿不愿意这个人成为我的同事，如果意愿不是很强烈，理由又是什么。

我们也需要在公司达成一个共识，招人不是老板和 HR 的事情，而是公司所有人共同的责任。当整个公司都能达成这样的共识，HR 所做的工作就只是履行流程上的职能。最可怕的是，所有人提一堆需求，然后把这些都扔给 HR，结果不好就责怪 HR。

还有一种情况也比较常见。当一个公司快速发展的时候，很多人会指望一个小团队主管带很多人进来，这个主管带的肯定是自己原来的人，弄不好，就会形成帮派。

易到曾经就遇到过这样的情况。易到有自己的原生团队，也有后来来自优步的团队以及乐视的团队。说实话，那个时候是有点分帮分派，互相看不上，互相不信任。

这个时候，我们一方面需要共同开会商讨——公司缺什么样的人，该有什么样的人。商讨的目的是让大家了解，公司寻找新人是需要，而不是因为老板想换人，并且也要让员工觉得，寻找新人不是老板一个人的责任。过去，我最难受的是做了决定，也实施了，结果却被大家批评。这其实是不对的，应该把这个责任分摊出去。

另一方面，这样通过沟通，也可以消除“老人”的紧张感，不会觉得老板是要用新人来代替自己。如果给了“老人”被代替的感受，他们会充满戒心，四处设障，这反而会使公司把精力大量消耗在人事争斗上，损失必然严重。

复盘：团队整合的核心方法

复盘应该像吃饭一样——大事复，小事复，月月复，天天复。并不是凡大事才复盘，复盘可能只需要 5 分钟，也可能需要一个晚上，但它是一个时时刻刻都需要进行的动作。复盘不仅针对事件，还有感受——你感觉哪里好、哪里不好。

肯定会有人感慨，工作已经这么忙了，还去谈感受，把时间浪费在鸡毛蒜皮的事情上。表面上看，去谈不着边际的事情是浪费时间，但磨刀不误砍柴工，它实际上是一个不断完成团队整合、不断增加互相认同的过程。否则，在工作过程中，员工会把很多想法堆积在心里，默默地忍受。堵点一多，组织就会变得不通畅。说得好听一点是互相彬彬有礼，有事说事；说得不好听，就是彼此既冷漠又有隔阂。这是一种非常糟糕的状态，这会导致你的组织并不是一个真正的组织，而只是完成了一张组织结构图。

这时候就需要复盘。阿里是一家对复盘贯彻得很彻底的公司，他们可以彻底到什么程度呢？如果一个会开不下去，就停下开复盘会，讨论刚刚会议为什么开不下去。

最初我也会疑惑，复盘会开起来，花费十几个小时的都有，这样做多没效率。实际上这是一个前紧后松的过程。最开始可能就是那么慢，但整合到最后，整个团队就会越来越有默契，互相越来越认同，业务发展也就会越来越顺利。

复盘其实并不复杂。最大的问题是，沟通时大家都不好意思去触碰真正的核心问题。比如，我问大家觉得团队怎么样。很多人可能都会回答“挺好的”“没什么问题”。事实果真如此吗？并不见得。我们每个人都在渴望真实，但又怕被真实灼伤。因此，一个团队在初期建立的氛围非常重要。一个新人，抱着对职场惯有的戒心来到一个新环境，却发现这个职场有着意外的真实和友好，他就会很高兴。

很多人认为，在职场里都是各有边界、各管各的，大家说话有所保留、互不伤害。这样的公司也只能流于普通，并没有创造力。每个人都渴望一个可以说真话的职场环境，当他发现存在这样的环境，就会很快融入，这才是整合团队的捷径。

如果处理不好，公司会就此平庸下去。过去，我们总是很羡慕阿里良将如云、腾讯人才众多，又总是在感叹自己招人真难。但为什么别人可以招到人才，你却不能？虽然说腾讯、阿里财大气粗，但人家也是从小公司走过来的。

还有一个深层次的问题：当我们在思考公司需要什么样的人的时候，也许很多人心里最想说的话是：我们公司需要一个更称职的CEO。这对领导层来说是一个更大的挑战，可我们需要直面，并且深层追问下去，反思为什么会出现这样的情况，最后给员工一个真诚的回应。

一个公司的发展，除了战略和资金，最重要的就是人。可你为什么在“人”这件事上，投入的精力不多，方法不对，却又不愿突破，甘心流于平庸？对于一个企业来说，无论时代发展变化多快，都必须为企业做好长久打算，尤其在“人”的考虑上，之后再慢慢走。只有这样，你做的一切才会是为了企业的长久发展考虑，而不是短期效益。

第九章

重新理解企业成长

创业公司的成长过程包含了很多复杂问题。这一章，我想谈一谈创业公司的成长速度、成长方式以及成长路径的规划。

过去，我们对于创业公司总会不自觉地美化，把创业想象成一片坦途。实际上，创业的过程跟我们的想象不总是一致的，甚至完全不同。因此，重新理解创业公司的成长，找到创业的真实状态，也相当有必要。

做好打持久战的准备

今天我们看到很多创业者的成功故事，特别是媒体关注的焦点企业，一创业就备受关注，然后不停地融资，市场规模不断扩大，企业也会迅速成长起来。

确实有不少这样的明星创业公司，在两三年之内，甚至一两年就爆红。所以，当创业者看到这样的案例，总期待自己创业也是如此。但是我想说，这不是创业的全部。首先，一夜爆红不是企业成长的常态，不能根据这个速度去建构自己的创业路径。如果预设一件两三年就能做成的事情，当它没有这么快的时候，你就会开始焦虑。其次，就算是被公认为一夜爆红的企业，背后也一定历经百转千回的挫折与调整，你看到的只是一个结果，并没有看到努力的过程。

除了在速度上，创业者在规模上也容易有错误性的预设。创业之初，大部分创业者会把自己要做的事情想得很大，把阵势拉得很大。其实在创业的第一阶段，也就是从 0 到 0.1 的阶段，要特别小心这种做法。

一个企业初创的时候，必然会面临“三无”状态，首先，没有团队，即便有，现有团队也不够健全或者不强大；其次，钱不到位，没有足够的资金；最后，没有成型的商业模式。

这些问题可以说是一个初创公司必然会面对的。所以，创业者根本不用抱怨，第一阶段本来就要面临从无到有的过程。这个过程，跟一个孩子生下来不会说话、不会走路、不会吃饭是一个道理。很多创业者总是抱怨：“我没有钱，没有人，所以什么都做不了。”初创公司本就是如此，所以一开始不应该抱着这样的心态去预设创业这件事，重要的是去思考如何启动。

最小化启动

既然资源如此匮乏，生存环境如此恶劣，作为创业者，首先要做的是保证活下来。面对这种“三无”状态，解决办法就是把事情尽量做小、做少，而不是做大。

但这个做小和做少，并不是说先赚点钱让自己活下来，保证盈亏平衡就好了。真正让你活下来的，是你能够创造出足够清晰的用户价值。只要能做到这一点，就有机会活下来。

在资源有限的情况下，不可能把所有事情都做圆满。因此在启动阶段，要把产品刻意往小了做，也就是“最小化启动”，有意识地把事情做小，而不是勉强做大。然而，大多数人都是后者的思维，总觉得做大才是对的。实际上，做大是最后的结果，而不是方式。

我们之前谈战略的时候也谈过一个观点，就是使命要大、战略要小，其实核心是一样的。以易到为例，我们的初心很好，要创造一种新的东西，随时随地的私人专车，可我们做了什么呢？做了很复杂的系统，司机端、用户端，同时做两套App，还要做一套撮合系统，一套计费系统，一套支付系统。启动的时候我们一共有20多个程序员，他们的水平都不错，但是很难平行推动这么多事情，所以说易到当时的成长速度是有问题的。

现在来看，我们应该把事情做得更小、更少一些，不需要去理会有没有商业模式的质疑。第一件事，就应该先把司机和用户两端的需求撮合起来，其他如计费、支付等这些功能都可以先放一放。不要以为创业公司就应该做很多事情，恨不得同一时间推动几十件事情，搞得大家都很忙。最后才发现，所有这些事情都在消耗资源、消耗精力，平行推进这么多事情很难有特别好的结果。

当然，大家也会担心如果把事情做得太小，会不会没有人愿意支持。很多时候，创业者觉得自己必须讲一个大故事，才能吸引别人的关注，才有资本愿意投资，才有人才愿意加入。如此一来，做一件事情就变成了都在追风口、说大话，然后希望通过一个大故事吸引资源、吸引人，再把事情做起来。今天很多创业者都是这样想的。

实际上，在 0 到 0.1 这个阶段，创业者首先应该考虑的是有没有清晰的用户价值，然后才是成长速度够不够快。即便有很多投资人会问你商业模式是什么，但是我想告诉你的是，作为一个投资人，我越来越不关心这个问题，因为我知道关心也没有用。对于一个处于 0 到 0.1 阶段的公司，其实没有所谓的商业模式，创业者给的报表和模型都是做给投资人看的，本质上没什么意义。所以，在这个阶段，只有用户价值和成长速度才是创业者最应该关心的事情。

在资源有限的情况下，
不可能把所有事情都做圆满。
因此在启动阶段，要“最小化启动”，
有意识地把事情做小，而不是勉强做大。

加速度比初速度更重要

刚才我们一直在强调做小，究竟怎么才能做小呢？做小了之后公司又该如何成长？

我想谈的一个观点就是，加速度比初速度更重要。我们总是希望有很大的初速度，希望一出生就很耀眼、业务就很好，处在万众瞩目的跑道上。事实上，过去我们看到的一些企业刚开始确实因为所在的跑道好，创始人背景好，有很多的资金投入，但做着做着公司就没了。这样的案例很多，为什么会这样？

如果画一条成长曲线，一种是一开始起点很高，也就是初速度很大，但它一直保持着平的或者很低的增幅。另外一种，一开始接近于零，初速度很小，但是加速度很快。最后，一定是后一条曲线远远超过前一条曲线。所以，加速度很重要。天天都在进步、天天都在成长，你很快就会超过一个起点很高的公司。

易到也是这样。首先是跟优步的对比，2014 年易到和优步谈合并的时候，我们互相开放过一段时间的数据。当时优步的数据并没有很了不起，至少跟好几百亿美元的估值是不匹配的。但他们始终强调一件事情，就是对比微软、谷歌和脸书的成长速度。“优步是美国科技界有史以来成长最快的公司”，这句话给我留下了很深刻的印象。所以现在比规模大小，只是在看存量。对于一个处于 0 到 0.1 阶段的初创公司，存量并没有那么重要。

再对比DD，也能发现同样的问题。当时我们看易到的同比增长，觉得成长也挺快的，但是很显然，对手的成长性远远快于我们。DD从零开始做专车，只用了三个月就超过易到，这说明成长的加速度多么重要。2014年8月，我们的市场占有率还是90%，短短三个月之后就变成市场第二，而且距离第一相差很多。

跳出用车这个领域，我们看一个外部的例子。湖畔大学第一期开学是2015年，我们作为学员去参加。说实话，当时的开学典礼场面很混乱，甚至可以说是失败的。我当时就在想，如果我是马云会觉得丢人，因为他邀请了很多世界级的商业巨子坐在台下。可马云当时是这样表态的，首先他没有恭维自己人说今天做得不错，他说你们确实做得不行，但这样也挺好的，因为从今以后不能比这更烂了，以后一定越来越好。

之后又发生了一件事情，让我对马云的话有了更深层的理解。有天晚上已经11点多了，我路过湖畔校区，里面灯火通明，我就进去打个招呼。进去以后发现，所有人都在热烈地讨论，复盘白天上课的情况。他们在复盘什么呢？比如，上课时学员手机响了，但是手机没法放，应该怎么解决；准备的茶点没有人吃体积大的……全都是细节。

深夜他们还在讨论这些细节，给我留下了深刻的印象。第二天，我就发现他们准备的茶点没有再放大体积的；过了两天，他们又准备了专门的布袋供学员存放手机，老师上课的细节也有了一些改善。

后来我在想，对阿里来说，办学完全可以有另外一种形式。比如，阿里有钱，完全可以把全世界最好的商学院教授聘过来，全球十大最著名的教授都在这里，高起点出发。这也是长江商学院的模式。一开始就请全世界最好的华人教授，用几百万美元的年薪挖过来，这在十几年前非常轰动。但是你会发现，长江商学院虽然起点很高，但始终停在那里，后期基本上没什么进步和变化。

湖畔大学虽然没搞过教育，出身也没有多厉害，但他们天天在进步。持续进步的力量太惊人了，哪怕起点再低，天天进步，用不了多久就能超过别人。所以从湖畔这个例子可以看出来，不怕起点低，它的势能会越来越大，这就是加速度的力量。相比而言，初速度就没那么重要了。

没有绝对的坚持

对于一个初创公司来说，成长速度很重要；反过来看，如果一个初创公司成长得慢，创业者就开始对自己产生怀疑，觉得一定是哪里出了问题。这也是创业过程中很常见的问题。

创业者产生怀疑很正常，我们只需要判断这件事情应不应该继续坚持，其实这还是得回到成长速度上。初创公司成长很困难，这就说明是有问题的。就好像刨地，刨了半天一点不动，不是地太硬，就是地方不对，要不然就是锄头不好。如果在这种情况下坚持刨，意义也不大，消耗了体力和资源不说，最后你还是会放弃。

遇到这种情况，你肯定得停下来，同时认识到停下来也很正常。有时候创业者会有一种这样的心态，觉得放弃了好像不对，既没法跟员工交代，又没法跟投资人交代。这时候你心里也没谱，可还是忽悠团队，说“没问题，跟着我走，最后一定能走出来”，这种打鸡血的方式对于真正解决问题其实没多大用处。

停下来，并不代表放弃。创业遇到走不动的情况很正常，没必要坚持说“这条路一定是对的”。就好像一支军队走到一个地方迷路了，如果不知道方向在哪儿，就坦率地告诉大家，然后派几个小分队分头去找，约定两个小时后见面，找得到就赶紧回来报信，找不到也回来，这是一个试错的过程。说白了，初创公司找错方向很常见，这个过程中没有绝对的坚持，更没有必要心存侥幸地坚持。

当然，如果你真的很笃定，看到了这条路的光亮，就继续走下去，哪怕你的判断最后是错的，也死而无憾。如果心里没那么确信，只不过是觉得应该要坚持就命令自己相信它，这是没有力量的，因为真诚比什么都重要，更不能拿“坚持”两个字忽悠团队。

当你不确定方向的时候，最好先验证你的设想，不要忘了我们兜里是没钱的。如果心存侥幸，做了一段时间之后才发现不对，于是彻底否定正在执行的 A 方案，马上跳到 B 方案，可你怎么就能证明 B 方案一定是对的呢？这个时候人的心态特别容易焦躁，特别容易出现赌徒心态，觉得既然前面都输了，就把所有的钱放到 B 方案上。

很多创业公司都是如此，易到也犯过这种错误。易到 A 轮融资放在当时看一点都不少。2011 年我们融到 1100 万美元，就很自信地先从 B 端寻求突破，结果噼里啪啦一执行，六七百万美元就没了，然后就开始捉襟见肘地过日子，进行调整和裁员，这个过程对团队的伤害很大。

所以，我还是想强调一点，任何事情在未经证实前最好不要大规模投入。作为初创公司，我们不能按照阿里那种大体量公司的打法去规划自己的成长路径。当然，在融资的时候，创业者还是需要想办法融更多的钱，只是不管有多少，都要记住这点：钱是有限的，所以要特别谨慎地花钱。

基业长青

“基业长青”和打“持久战”有相通之处。之所以放在最后来谈，是因为这一点很重要。我认为，它不仅适用于初创阶段的创业者，也不只适用于创业者和企业家，还适用于所有人。

这一点我有切身体会。2017 年我写过一篇关于 120 岁的文章，大概意思是，由于科技、医疗水平、生活水平的进步，我们这一辈人差不多可以活到 120 岁，这将给我们未来的生活带来翻天覆地的变化。

认识到这一点，给我带来了一个很大的心理变化，起码解决了我的焦虑。如果你要活 120 岁，那么就可以不在乎现在的时间表，不一定非要在 30 岁成功、40 岁实现财务自由或者所谓的成功。不仅对个人，对企业来说也是一样的。如果一个企业要做 300 年，那么也不急于一时之功，更不需要今年马上就做到成功。把时间感拉长了，就会发现很多事情做起来更从容。

你可能会疑惑，我刚才还在说要追求加速度、成长要快，现在又要把时间感拉长，要从容，这不是自相矛盾吗？其实并不矛盾。从我个人来说，当我把自己的时间感拉长了之后，我得到一个全新的感悟。

原先我特别反对所谓的“基业长青”。我认为一个企业的存在，是为了创造更有价值的东西，而不是为了自己活得更久，而基业长青就有点儿本末倒置了。另外，我觉得一旦想做持久，就会变得缩手缩脚，不敢尝试，也不会继续冒险。基于这样的理由，我曾经非常反对基业长青，但当我自己的时间感改变之后，有一天我突然理解了，基业长青并不是在提倡保守，而是一种生存哲学，一种更积极的态度。基业长青不是为了“长青”而去躲避风险，而是站在未来考虑现在。在未来，你肯定会面临一个全新的时代，它的大势是什么，将去往哪里。如果用未来的视角审

用未来的视角审视现在，
你会为了未来那个时代思考今天该做些什么，
提早为未来做好准备，
用更积极、更勇于探索的态度经营企业，
这才是“基业长青”的方式

视现在，你会为了未来那个时代思考今天该做些什么，提早为未来做好准备，用更积极、更勇于探索的态度经营企业，这才是基业长青的方式。

很多伟大的企业都在用更长的时间感去考虑问题。它们会把更多的资源投入未来，去探索新的可能性。真正创造收入的业务，反而占用的人力和资源极小。阿里巴巴、谷歌、脸书都是如此，它们都在为迎接未来的挑战做准备。

个人也是如此。过去我们的人生是三段论：25 岁之前读书，工作 30 多年，然后 60 岁退休。但是如果我们的人生变成 120 岁，那么就不再是三段论的规划，甚至可以将人生分成七段、八段甚至十段。你将掌握更大的自由度，你也会去思考，为了 120 岁的人生，今天应该做些什么才能保证在未来这么长的时间里，一直处于旺盛、丰富的生命状态。

所以，重新理解基业长青，核心就是今天要不断地为迎接明天的挑战做准备，更多地着眼于未来。不论是对公司还是对个人，这种更积极的生存哲学，将更有利于你思考企业成长和未来走向的问题。

第十章

如何应对低谷

我本人是多年的创业者，也认识很多正在创业的朋友。因为这几年科技创业一直是大家关注的焦点，所以我们总会不由自主地关注公司的估值、上市、论坛、媒体报道等。实际上，我想大部分创业者都是冷暖自知。

创业的确有“打高光”的时候，但更多的时候都在低谷徘徊。特别是过去的一两年，O2O行业出现了极大调整，很多企业陷入相对低谷的状态。

低谷期的表现通常是融资后高歌猛进，结果却不尽如人意。这时候会发现，钱烧得差不多了，却总看不到乐观的结果，投资人的信心也开始减退，转而处于观望状态，公司随之陷入非常尴尬的局面。这时候该怎么办呢？

低谷时期常见的三种做法

这种情况下，创业者通常是这样思考和选择的。

第一，“冬眠论”，即企业裁员，减少投入。

为了资金安全，尽快实现收支平衡，创业者宁愿把营收规模做得非常小，也要保持公司现金流为正，或者通过调控，让烧钱流血的速度大幅下降。有的公司甚至不惜用一种透支的方式，在流量上以伤害用户体验的代价获取广告收入。对这种情况，我经常会问创业者：“收支平衡不错，至少暂时安全了，那然后呢？”这时，他们对下一步如何突破其实还没有清晰的想法，只是说“先活下来再说”。

我非常理解创业者对“收支平衡安全感”的一种需要，但我觉得这或许不见得就是一种好的选择。如果一定要说安全，我们看到很多的传统行业，比如街边的小餐馆、小商铺，从开业的第一天起就在赚钱，但从创新的商业角度讲，这样的公司没有太大意义。

第二，因为“伟大”，所以“很慢”。

企业觉得自己的目标很伟大，就会想当然地以为早期走得慢是必然的。

这个观点我同意。伟大的企业在早期需要做很多事情，前期摸索的时候的确会慢，但是我们要清醒地意识到，有足够的加速度，能够快速增长是我们这类初创公司生存的必要条件。

如果我们已经感到了慢，你可以诚实地问自己一个问题："是不是因为企业还没有找到增长的内在规律、逻辑和动因？"也就是说，我们可以慢，但是必须要知道怎样做才能增长。

第三，出现瓶颈以后，想凭借差异化的小众产品继续求存。

出现瓶颈以后，尽管有盈利，但小众产品的市场过小，公司的成长空间会非常有限。这个时候，坚决地实现转轨非常有必要。在这里，有必要多谈谈在互联网世界里，为什么差异化的小众产品很难活下来。

我自认为还算是个利基市场的熟手，在长江商学院的论文也是关于差异化战略方面的选题。上一段电子产品的创业历程，让我对差异化高端市场的生存和发展颇有一些心得，但是为什么现在却越来越质疑互联网上的差异化战略了呢？

首先，互联网区别于传统模式的价值基于无远弗届的互联网，可以直接接触和服务于近乎没有边界的用户，特别是全时全民在线的移动互联网席卷以来。所以，用互联网做服务，用户越多越好，时长或频次也要越高越好。我们可以为用户创造新的、差异化的价值，但最好不要筛选掉差异化的用户群。也就是说，互联网商业的战略定位应该是全网用户。

如果就是不选择覆盖全部用户呢？那首先遭遇的问题就是成本，在互联网中的直接表现就是流量成本。由于小众，可能关注度、点开率、购买转化率、复购率等指标都会表现吃力，导致平均成本过高，高到令人咂舌和完全无法持续的状态。

其次，我们来看竞争环境。互联网的竞争边界越来越模糊，所有人都希望榨取流量的最后一丝价值。所以，那些有更高流量和用户能力的对手，到了一定的时候，一定会向上进攻那些高利润的差异化市场。他们通常会采取破坏性的竞争策略，比如降价、补贴等，然后直接把你的收入成本结构彻底破坏掉。因此你的市值、现金、再融资等都会处于非常被动的状态，也就是说你不得不跟进，进入对方的节奏。也许你会说自己有差异化的服务，有忠实的会员体系，有很强控制力的资源，但是现实告诉我们，在互联网的世界里，这些都不如用户流量和价格战有效。

所以，我的看法是：首先，不要试图在互联网上把高端差异化的服务作为业务的起点，那样会很艰辛，也会很慢，更没有护城河；其次，就算在没有竞争的环境下暂时站稳脚跟，长期看也是无法生存的。当然，在中国有个最大的变量，就是政策，这个不可控的因素除外。

这就是我在多年的创业式生活中经常见到和思考的问题，但问题是，低谷时期，我们应该怎么做？

低谷时期的三条建议

首先，不要因为暂时的挫折和困难，就忘记了提高公司价值的根本使命。

当一个公司身处低谷的时候，和公司表面上的财务安全相比，公司价值依然是最重要的。究竟什么是公司价值，公司价值最终通过什么体现呢，我觉得首先体现在业务本身有没有用户价值，即有没有为足够多的用户提供了真正的价值，以及价值是不是足够大。

过去几年，我们确实比较容易受到竞争、投资、增长等方面的压力，可通常大家却选择在营销端做太多粗放型的投入。大量烧钱到底有没有创造更好更大的用户价值呢？不能说一点没有，但往往耗费太多精力，事倍功半，甚至会陷入泥沼。

如果吸取教训，未来我们面临的挑战就是扎扎实实地为用户创造价值，从而体现公司价值。要下苦功，把融到的钱更多地用在打造公司的核心业务上，真正打造为用户价值服务的核心能力，而不是简单地在营销上烧钱。

我们更不是要去冬眠，而是要更坚定地投入，下更多功夫去做好这件事。为此，我们要更勇敢地争取资金，甚至可以降低身段去融资，争取已有投资伙伴的理解和支持，同时用更符合现实的方式去融资。融到新的钱，用好这笔钱，扎扎实实把公司的价值做出来。

我相信，只要走在正确的路上，把方向和未来想清楚，任何一家踏实的公司，都能够取得投资人的理解和支持。

前面我也讲过融资，我再补充一点。老投资人是企业最好的朋友，他们已经真正和你站在一起了，他们陪你走过了一段低谷时期，要吸取教训。
要下苦功，把融到的钱
更多地用在打造公司的核心业务上，
真正打造为用户价值服务的核心能力，
而不是简单地在营销上烧钱。

路程，所以更了解你。与其寻找新的投资人，把希望放在用一个崭新的条件去吸引新的投资人，不如继续用心取得老投资人的支持，一起走过这段艰难的岁月，迎来的肯定是双赢。

其次，不要自我“催眠”，不要觉得自己做的事太伟大，也不要觉得做的事太多太难，就可以“慢”。

从容的“慢”是好事，但是必须要清楚地知道怎样才会增长得快一些。

最后，必须要有勇气选择最大的市场，而不是做一个所谓“小而美”的产品偏安一隅。市场很残酷，不会再有同样的一个机会摆在你面前。在互联网世界，你必须进攻，进攻，再进攻。

第十一章

突破瓶颈

不管是回想自己的几段创业经历，还是现在做投资时观察企业，我发现没有一个企业没有遇到过瓶颈期，所以，遇到瓶颈应该是一个必然状态。只是有的企业能突破瓶颈，每突破一个瓶颈，它就到达了一个新的量级。如果没突破，企业当然就会停滞，甚至就此衰亡。

面对瓶颈的时候，大多数企业家的反应是焦虑、怀疑、不知所措，特别是面对之前跟别人许下的一些承诺，比如跟投资人说拿到钱后一两年如何增长，向外界展现多么漂亮的成长曲线，结果根本不是那么回事儿，自然会很焦虑。

我记得易到在完成A轮融资的时候，当时觉得再过三个月，怎么也能达到一天1000单的订单量。那时觉得 1000 单太简单了，发点优惠券、赠点免费卡，不就有了吗？最后完全不是这样，我们差不多有一年时间日单量都只有 200 单。

易到又是平台性的企业，所以当时供给端拼命拉车辆，最后供给来了，却没订单，司机就开始抱怨，于是后端又给销售端很大的压力，说销售不给力，车都给你了，还得再让供给端把服务管好，可他们对司机也没有控制力。在这个瓶颈期，不同团队之间，甚至是团队自己内部都会形成很大的冲突和矛盾，互相埋怨，这是易到切身的经历，非常痛苦，而且不管怎么努力，数据就是拉不动。

我觉得很多公司也是如此，遇到类似的情况都很焦虑，团队之间不是互相埋怨，就是埋怨 CEO 无能。

保持清醒的认识，不要全盘否定过去

因此，我认为在瓶颈期，首先要清醒地认识到，公司处于瓶颈是一个正常状态。这是面对瓶颈的第一点。好比一个人会生病、青春期会长痘，这都是一个必然会经历的状态，所以不需要为此焦虑。只有这样才不会陷入团队之间的相互埋怨，否则那种离心力或者内部的怨气会进一步加剧矛盾，就更无法突破瓶颈，因为团队都散了。

当你知道自己遇到了瓶颈，肯定会希望有所突破，那么第二点就是：不要指望那么快突破，瓶颈就是一个漫长的隧道。也就是说，当意识到公司正处在一个瓶颈期的时候，你不要指望火车很快就过去。即便火车在隧道里只穿行 10 分钟，对你来说也会感觉很漫长。这时候，我们必须要乐观，笑对瓶颈，享受一下黑暗的隧道，不要急于突破瓶颈，虽然我知道你肯定很想突破。

接下来我们就会想法子突破瓶颈，这也是我要说的第三点：不要急于否定自己全部的过去，说过去哪儿做错了，哪儿做得不对，其实并不是，可能就是时机不到。

比如易到，我们曾经为了支付的问题纠结了好久，想了好多办法。那个时候我们一直想解决支付的问题，想用 SP（服务提供商）的方式发短信确认，再找中国移动代扣话费，弄个移动卡、神州行充值，再与信用卡直连，诸如此类。但是现在回过头来看，实际上当时这个问题就是因为移动互联网的基础设施还没有建好，移动支付的条件没有到来而已。所以那时候即便做再多的努力，也是事倍功半。

回过头来看，我们应该怎么做？就是应该意识到这个问题的本身是移动支付和移动互联网的基础设施不完善。在这种基础环境下，我们最应该做的不是解决支付问题，而是让用户先享受这个服务，直接线下支付。至于这个服务是不是通过我们完成闭环，没那么重要。至少我们实现了部分价值，让用户通过一部手机打到了一辆车。甚至在当时的条件下，我们干脆就

在整个公司处于瓶颈和突破阶段的时候，
帕的是还没怎么样，
内部就进入了相互否定的状态。
这对公司的战斗力是大的破坏。

只做连接，交易、计费都不用做，这就已经完成了我们应该做的事，剩下的就是等待时机成熟了。

我比较同意雷军的一个观点：顺势而为。如果这个“势”不到，做很多东西都会很累。上山推石确实很累，走一步退两步，你觉得付出了很多努力，但结果总是不尽如人意。

举个例子，比如早期的外卖网站，虽然找到了用户的痛点，即点餐、送外卖，做得也还可以，但是为什么那一批网站没有做起来，反而现在提到的外卖都是美团外卖、饿了么呢？

关键还是因为做互联网不能跑得慢，我们必须跑得足够快，不能觉得遇到瓶颈，又想着做的事很伟大、很复杂，因此就心安理得地慢。当慢了的时候，就要及时做出调整，尤其在瓶颈阶段，我们必须做出各种各样的调整。

战略摸索期应如何调整

具体怎么调整呢？这又是一个很大的话题。既然是瓶颈，你要踏入的是另外一条路，也就是战略的摸索期。所谓摸索就是你根本不知道哪条路是对的。

在这个时候，团队往往自己搞不定，他们会指望 CEO 变成大神，告诉他们到底应该走哪条路，而且天真地认为 CEO 应该能告诉他们走哪条路。但是 CEO 也是普通人，他可能也迷茫。可团队不会这么想，反而会觉得 CEO 没主意，是 CEO 不对。所以，越在这个时候，CEO越应该告诉大家，我们现在就是处于一个迷茫期，就是要摸索，大家一起来探索，而这不是我一个人的责任。

还有一点是我最近学到的。一般遇到瓶颈，我们总以为既然现在有问题，就贸然否定现在执行的方案A，说应该走方案B，但其实也没有人知道方案B一定是对的。再者，方案B并不是唯一的选择。我们可以看到同样的一类企业，虽然同时出发，但是它们后来长成的样子可能完全是不一样的，它们自己的选择决定了未来的路。

所以，我们寻求成功的过程，没有标准的答案。想明白这一点，对处在瓶颈期的我们会有很大帮助。你会发现争论方案A与方案B的对与错，没什么太大意义，因为可能都对，只要坚持做下去就好。遗憾的是，我们很容易否定前面的事情。

我遇到的很多企业都是这样。“爱回收”刚开始的时候也没有突破用户的问题，根本不知道去哪儿收手机，即便购买了巨大的流量，用户也没上来。可是从趋势上分析，每年手机的销售量越来越大，理论上存量的手机也会越来越多，用户就应该换机，实际的情况却是用户还是不会去换。街头发传单也好，弄机器也好，开店也好，都没有实际效果。但度过瓶颈期之后，爱回收一下子实现了突破，怎么做到的呢？从“以旧换新”这个点切入，现在它80%的量都是来自以旧换新，京东也给它贡献了很大的流量。

话说回来，在瓶颈期时除了战略上需要突破，你还要知道突破并没有标准答案。这个时候，我觉得公司内部更不应该相互否定，也不要心存侥幸。

什么叫心存侥幸呢？就是说方案A不行，所以认为方案B一定行，然后就全部投入到方案B上去。一定不能这样，这个时候应该把可能性通通列出来，不要陷入某一个选项，而是应该派出“侦察队”去摸索。

这就是一个战略摸索和试错的过程，相当于我们公司当下就是去做战略摸索，甚至可能接下来两三个月的时间都在战略摸索期。这时候预算得有限，人数也得有限。

在整个公司处于瓶颈和突破阶段的时候，最怕的是还没怎么样，内部就进入了相互否定的状态。这对公司的战斗力是最大的破坏。所以千万不要埋怨，而是要把多种可能性排列出来，在代价有限的前提下去摸索。

这里有个特别好的例子。阿里面对过很多挑战，经历过多次的生死抉择。当时在国内，有B2C（企业对消费者）模式对淘宝C2C（个人对个人）模式的挑战，在美国还有一种购物搜索的模式——电商搜索平台的存在。这三种模式大家都看不清楚，谁也说不清楚电商未来的发展方向到底是什么。于是马云就想了一个办法，把整个公司一拆三，淘宝商城做B2C，原先的淘宝C2C也继续做，然后还有一淘，对抗电商搜索。

这三个团队的目标就是把对方干掉。做了半年，很快知道谁行谁不行了。最后的结果也被验证出来，在中国没有独立的小 B2C 平台存在的可能性，购物搜索这种模式也就根本不可行，于是阿里就把做购物搜索的一淘团队重新塞回阿里体系内，现在看来这是非常成功的一次战略探索。

美国的电商生态就完全不一样，它没有一个像阿里这样的体系，能够把信息、支付、物流垂直整合得这么好。所以，这个世界上没有标准答案，最终能呈现什么样的局面都是一步步折腾、一步步打拼出来的。

因此，在战略探索期，不管你的模式想得有多好，没踩实之前最好不要大规模投入，不要一次在一个模式上花太多的钱，而是应该选择小规模地试。创业者最怕的就是自己忽悠自己，认为一个单点模型证实了，其实那一个点并不是单点模型。这些在没有踩实之前都只能是小规模的测试。

所以我现在给创业者的建议是，多融钱少花钱。融资的时候，趁着别人支持你，要玩命融。融了之后要谨慎地花，模式没踩实之前一定不要花大钱。这都是我当年的教训，融了钱就玩命花，结果损伤一大半，搞得自己很被动，那个时候就更不敢试了。

找到创业的初心

在战略探索期，还要有一个坚定的信念。这个过程可能不是很顺利，结果可能也不好，那么这个支撑你走下去的最坚定的信念是什么呢？就是回到原点，找到初心，即当初为什么要做这件事？这件事情有没有发生变化？

回归初心去考虑，也可能你会发现事情已经发生了变化，比如当初的飞信，可能本来也有很大很好的理想，但在那个时间点上，历史条件变了，智能手机的时代出现了更便捷的通信方式，用户对短信的需求已经没那么强烈。既然这个基本面已经改变，就不需要再坚持了。

还有易到，我们的初心叫“随时随地私人专车”，这个初心应不应该变？我现在回过头来看，它是有价值的，可能不需要变，不管中间多么曲折，都应该坚持。我们可以怀疑路径、怀疑战术、怀疑执行，怀疑一切都可以，唯有一点不可怀疑的就是初心。初心本质上也是信仰。你相不相信这件事情、愿不愿意为此付出足够的努力，这才是回到初心。

我的一个启发是，要把自己的初心时刻放在不同的边界去想问题。比如，“随时随地私人专车”，这句话可能每个人的理解是不一样的，我当时就非常强调专车、私人专车，所以就认为它应该是取代那些本身有司机的人。

现在看这个边界太小，全北京有专职司机的又有多少人呢？当我把这个边界放到这么小的时候，已经把事情的格局想小了，因此才造成战略选择上的问题。如果同样是这几个字，但把边界放到给所有人提供服务，那后面我的选择肯定不是那样，而且会更务实。比如“随时随地”，如果一定要选择其中一个，到底是“随时”重要还是“随地”重要？我觉得这才是一个比较高水平的战略思考，光喊口号没有意义，因为口号如果不落实或者不能分解成一个现实的战略选择，它就没有任何意义。

如果当时想实现“随时随地的私人专车”，就分解这几个字分别要做的具体事情，可能也就对了。比如选择“随地”，到底应该是多少个地方？是200个城市、100个城市，还是北京全域，或者仅仅是城区全域？所以，应该把它分解为可执行的具体目标，否则就毫无意义。再比如“随时”，是7×24小时吗？我们当时就是这么理解的，认为就是7×24小时，所以那时候虽然一天才200单，但我们很早就布了一个7×24小时的客服中心，设置了400客服电话，现在想来这么做的实际意义并不大。

所以在瓶颈期的时候，必须一点点地积累具体的进步，才会让整个团队产生巨大的前进动力。只是这个时候目标一定要小，要学会享受“小”。

之前我在谈战略的时候也谈到了，愿景要大，战略要小。现在谈瓶颈期，我还是类似的观点。突破瓶颈的过程可能就像挖一口井，突然有一天，一个泉眼真的被你挖到了，就井喷了。井喷往往不是被规划出来的，而是在你不懈的努力下不经意等来的一个意外惊喜。

对瓶颈的突破也是这样，它不是规划出来的。这几年我发现在中国互联网或者全球互联网领域，能在一个跑道上坚持下来的，基本上都是因为没犯错或者少犯错才活下来的。

当你在一条正确的大跑道上，只要有足够的坚持，把对手都熬死了，可能也就胜出了。因为站在投资角度考虑就是这样的，在一条大跑道上，总得至少选一家来投，投谁呢？只能说投那个存活率最高的。如果你能够保持初心，坚持下来，你就是存活率最高的。再补充一点，在初心这件事上，没必要钻牛角尖。在不同的时代背景下，重新去看待你的初心，重新理解它，看看基本面有没有变。

比如，AI 的时代来了，一个新的智能时代来了，怎么结合时代背景理解你的初心，这是一个蛮难的思考过程。可是如果不去思考，就更不会有自我颠覆。你看微信对 QQ 的颠覆，阿里自身的颠覆，成就了它们的今天。如果阿里最初就像慧聪那样做 B2B，没有去做淘宝，就不可能有今天的阿里，可能只是另一个慧聪。慧聪值多少钱呢？ 4 亿港元。这就完全不一样了。阿里的初心是让天下没有难做的生意，回溯这十几年，这个脉络很清楚。可我还是觉得需要放在不同的背景下去理解这件事情，一方面坚持初心，另一方面不断突破自己在认知上的局限。

第十二章

重新理解未来

科技行业的发展本身就很快，近几年还呈现出越来越快的态势。每年我们都不缺乏新的趋势，每年都会出现一些新的热词，从移动互联网O2O，到后来的大数据、VR、AR（增强现实技术），再到现在的内容付费和人工智能。

统计一下就会发现，在过去5年，这个行业的机会越来越多，并不是越来越少。我们作为创业者不可能不去关注这些新的趋势，但是很多时候我们过于追逐这些趋势，总觉得这会成为下一个风口，就应该去做某件事情。再加上雷军的“风口论”，大家都觉得哪怕我是“猪”，只要能赶得上合适的风口，也能飞起来。其实我认为大家是把雷军的意思曲解了，不是说你本来是“猪”，只要找到合适的风口就能飞起来，我理解雷军的意思是："你再努力，可能也需要赶上一个大的风口。"这就需要我们敏感地把握住趋势。

看到和看穿

关于怎么把握未来的趋势，我想说的第一点是"看到"与"看穿"的关系。

现在媒体发达、资讯便捷，圈子的交往又这么密集，看到一个新的趋势并不难。你随便参加个会、参加个饭局，都可以听到很多新的资讯和说法，但这样的"看到"本身没什么价值。这是一个很简单的逻辑，既然你那么容易看到，那大多数人也能看到。

对创业者来说，核心的意义不是看到，是要看穿，也就是你对某一个新的趋势，是不是有足够深刻的思考和洞见。所谓的看穿不是泛泛地说这代表了未来，这是个大机会。如果只看到这一步，其实没什么用。而看穿决定了你到底该干什么以及该怎么干。只有最终的答案落到这里，才具备看穿的这种可能性。

有一次，我跟雷军对话。大半夜里，我们谈到为什么我在易到犯了各种各样的错误，比如为什么不降价，政策等各方面对我们的干扰，等等。但是雷军回应了一句对我很有冲击性的话，他说："本质上是你没有看穿，没有看穿这件事情的本质。"

我对这句话琢磨了很久，心里是很服气的。如果我看穿了出行必然成为一个伟大的事业，然后从终局反推，我就会顶住一切风险和压力往前走。当时我确实“看到”了，我曾说：“易到未来可能会成为汽车行业最大的变量。”但又怎么样呢？之所以没有下那么大的决心，除了个性以及我的价值观、道德观之外，很重要的一点我必须要承认，就是在认知上我没有把这件事情看穿。

以同样的道理再看小米做手机。如果说性价比，小米肯定不是第一名。之前性价比很高的手机，华强北有一堆，数以百计的品牌，为什么它们不行，而小米成了颠覆者？很多人说小米只是会做品牌，搞饥饿营销，这其实是把问题简单化了的理解。站在小米的立场上，他们看穿了什么呢？一是选在 2010 年做手机，这是看到了时点来临。做智能手机，一定是一个超级大势，这是他们看穿的第一件事。二是雷军提到的心得，“用良心做产品，用好的产品去说话”，后来这成了整个小米生态的产品哲学。

“看穿”是一件很难的事情，但是我觉得每一个创业者都应该努力做到这一点。你能看得有多透，将决定你能对这个行业本身的价值看得有多远，这时候你的格局和做事的力度将完全不一样。

找到独特的小切口

越是大未来，越是大格局，越是大机会，参与的人也会越多，大家都想做。这意味着对手增多，竞争变大。我想，不大可能出现一个局面：这件事情的机会和格局都足够大，但只有你一个人做。经常出现的现象是早期没有人看得懂，没有人看好。当年的易到、今日头条和快手都是很好的例子。

最开始今日头条的融资不是很顺利，大家觉得这不就是个普通的新闻聚合 App 嘛。门户都有自己的移动新闻客户端，类似的新闻聚合也有一堆，自己还不掌握资讯来源，不创作新闻，而且用户每年换手机，通过预装，每年都要拉新用户，这有什么价值呢？所以很多投资机构在今日头条刚起步的时候纷纷放弃了。直到后来，大家才看到今日头条的本质根本就不是新闻聚合，但如果没有看穿的话，只是把它看作一个新闻聚合，认为它的价值只有那么点儿，就错过了这个机会。事实证明，现在它已经成长为一头巨兽。

所以，机会越大，就越需要找到一个独特的小切口，也就是说越大的机会，最开始起步的时候越要小。很多人一上来就拉开阵势要做一个大平台，其实平台业务最难做，为什么？说好听了叫平台业务，说不好听就是什么也没有。客户不认你，产品不是你的，供应商也不是你的，凭什么搭了个平台，别人就得到你这儿来呢？一出手就要做大平台，往往会变成一种

机会越大，
就越需要找到一个独特的小的切口，
也就是说越大的机会，
最开始起步的时候越要小。

“牛吃南瓜，无从下口”的局面。看着是个大机会，绕了半天，啃半天都下不了口。所以我才说要做小事，做一件独特的小的事情，也就是要从大处着眼、小处着手。

从大处着眼，从小处着手，思考需求的本质

具体怎么从小处着手呢？首先还是应该回到战略的出发点问自己：这个业务到底是问题驱动还是概念先行？

我们说过，一个创业公司不管未来多么激动人心，都应该是问题驱动，而不能是概念先行。你看，因为AI火，大家就都做AI，于是涌现出一批这样的公司。再比如一个人，要用两只脚一步一步地走，我们就把问题和概念看成人的两只脚，至少有一只脚应该扎扎实实地踩在现实的问题上，也就是这个公司必须以立足解决一个真实的问题为出发点。

很多人都在解决假问题，那什么才叫真实的问题呢？必须是大众的、普遍的、强烈的需求，但是，真实问题并不等于刚需和痛点。如果只是面对过去和现在，有一个痛点解决一个痛点，解决完一个问题后面就没有了，那这个企业能够跑的路程也是很短的，更不用说未来。

所以，在考虑所谓大众普遍需求的时候，我们必须要关注需求的本质。越想在未来走得远一点，就越要去探究需求的本质。

比如打车，易到到底应该做什么？需求最本质的东西是什么？其实我们在认知上是有偏差的。还是说回我们的口号，“随时随地私人专车”。我理解的“私人专车”相当于说有一部分原本有司机的人，在他没有司机的时候用你的车，这当然是有需求的，但这个格局很小。我记得有一次，当时易车的总裁说我做的这件事情好牛，本质上解决了所有人如何快速从 A 点移动到 B 点的问题。

如果我当时真的这样去理解业务的本质，那格局就很大了，因为它决定了当下最急迫要做的事情。但是，那个时候我们理解的私人专车就是高品质，当然品质确实搞得还不错，到今天大家还在怀念。我们对这件事情需求的本质有可能理解错了，它本质上是所有人快速从 A 点移动到 B 点的需求，而不是只针对部分高端人群的出行需求。

如果再把这个边界打开就会发现，就短距离而言，自行车比汽车来得更高效、成本更低。在几公里的范围内，自行车就是一个优于汽车的解决方案。如果这么想，这个格局可能就更大。每个人都有自己的局限性，所以说需求不仅仅是像我们过去常谈的那种痛点，而是我们要去思考一个需求的本质到底是什么。

再比如今日头条，它的本质到底是什么？它又跟过去我们用网易新闻、新浪新闻有什么不一样？我们真的是要看资讯吗？我们真的是要了解天下大事吗？天下大事就这么多，但是从时长和用户来看，今日头条每天用户平均使用时长 70 分钟左右，都是通过资讯在打发无聊的时间，这可能是他们需求的本质，而不是说第一时间快速纵览天下大事。了解天下事和打发无聊的时间，这两件事情本质是不一样的。

创新没有边界

如果你没有关注到需求的本质，你就会发现这个社会的吃喝玩乐、衣食住行好像没什么痛点，都解决得差不多了。但是当你开始关注需求本质的时候，你会发现很多的需求其实是可以被唤醒的。

比如电影《战狼 2》，在我看来是在这个时代，国民建立起来的国家自豪感需要宣泄、需要表达的时候，大家从电影中找到了一个出口。所以不管是文艺作品还是商业产品，它的需求本质不仅是可以被发现的，也可以被唤醒。如果站在这个角度来看，创新永远都没有边界，有无穷无尽的可能性。

企业如果只是解决现实问题，可以开个餐馆、开个花店，但是如果从做一个大企业的角度来说，只解决现实问题肯定不行，除了刚才说的大众普遍强烈的那种需求之外，还必须跟时代同频。你应该去想，我们能跟这个时代一些趋势性的东西产生什么样的关联。当然这个关联也需要独特。

很多人怕“小”，很多创业者怕投资人看不上他们，就非

如果你没有关注到需求的本质，
你会发现这个社会的吃喝玩乐、
衣食住行好像没什么痛点，
都解决得差不多了。
但是当你开始关注需求本质的时候，
你会发现很多的需求其实是可以被唤醒的。

要把自己的事说得无比宏大，但实际上都是非常空洞的概念。其实事情一开始不用怕小，但是一定从开始就要注入一种可以变大的、向外去演化的内在基因。

顺应时代的趋势

什么才是一个小企业变大的基因呢？每个企业都是从小做到大，没有谁天生是大企业。比如“得到”，一开始就是一个人的脱口秀，跟很多自媒体一样。为什么唯有“得到”在这个领域中成为引领趋势的知识服务平台，而别人没有做到呢？

这说明同样起步的公司，它们一定有完全不同的基因。这个基因除了创始人本身的野心、雄心、前进的动力之外，还有一些别的东西。所以，我们不能简单地归因说因人不同，同样做一件事有的人能做大，有的人却一直做小。那么问题来了，“看人”看什么呢？假设我们都在做同一个领域的事情，不能看资历，不能看年龄，也不能看性别，到底我们应该看什么？到底是什么类型的人才有机会把它做大？我们首先要理解，所有企业的本质都是时代的产物，所有的企业都是大势所趋、应运而生、顺势而为的结果。意识到这一点，就需要我们对时代很敏感并有很深刻的洞见。

回过头来看，当然很容易把很多事情看得很清楚，比如说在工业革命的初期属于蒸汽机时代，谁率先把蒸汽机大规模用在工业上，那这个人可能就成了当时的首富；有了电，福特就把原来的手工制造业改造成了流水线，没有电是不可能有流水线的；出现计算机以后，谁把计算机作为自己行业的关键变量，那么他就可能胜出。

比如苏宁，在面对整个零售业快速扩张的时候，一下子就跟IBM（国际商业机器公司）签了一个10年的咨询合同，每年付上亿元的咨询费，在当时来说是不可思议的。可苏宁意识到，如果要快速扩张，必须有一个强大的系统，一个强大的ERP（企业资源计划）系统是支撑发展的关键因素，所以不惜工本地投入，恨不得把每年赚的钱全部投进去也要这么做。

有了互联网以后就更容易了。互联网这个大机会出现之后，我们来看一下互联网早期的行为，比如卖域名或者帮别人建网站。这些事情有没有洞知当时的需求呢？显然有。如果你是短期思维，肯定会这么做。能不能赚钱？也能，但赚的都是小钱，不是大钱。目光打算得不长远，就不会做大。

互联网时期真正的需求是什么呢？从第一代所谓的门户，到第二代的搜索，再到后来的做社交、做电商。一个真正的创业者，当一个新的趋势来了以后不应该去抢占红利，而应该思考如何运用新的技术、新的商业模式，为用户创造一种新的价值。如果这样思考问题，我想你会抓住趋势，真正地做出大事。

结语
学习做一个卓越的投资人

这本书终于要结尾了，我希望拿到这本书的你可以获得关于创业的新认知，哪怕一点点，我也心满意足。

这一年多来大家遇到我，问得最多的就是，“周航你在干什么？”“下一步有什么打算？”很感谢大家这么关心我，但是这些问题也让我倍感压力。现在我可以回答大家，这一年我回到了一个很值得珍惜的状态，我终于可以好好放松一下。

怎么放松呢？我发现放松是一门很大的学问，也把自己今年放松的状态归为三句英语：to refresh myself, rethink the world,and rebuild a new business（刷新自我，重审世界，再创新业）。

这一年，我可以花很多时间和精力去做自己过去想做而没有时间和精力做的事情，同时花了很多时间去学习和思考。不管是从过去的创业失败经历中学习，还是对未来的探索，我都花了非常多的精力，同时也在想如果再创业、再做一件事，我应该做什么。

我开玩笑地说："我今年的状态比创业的时候还忙，每天特别多的事情，认识了很多新的朋友，从中收获了不一样的东西。所以，这是一段非常棒的时光，它让我觉得很愉快，我想对未来也会有非常大的帮助。"

这段时间我有特别大的感触，总结一个关键词就是"成败"。我想说，只有你足够痛的时候，新的光亮才可能照进来。痛可能是光照进来的地方，如果你有足够的痛，恭喜你，你可能有新的开始，因为新的光亮可能照到你。

在易到的创业中我经历了各种各样的事情，直到今年还遇到一些很痛苦的事情。正是因为经历太多，这些痛在自己心中反复咀嚼，才使得我开始把眼光真正从外部收回，从向外看世界回到了向内看自己，看自己的内心是怎么想的，认知上有没有变化，又应该有什么变化。我觉得只有足够痛的时候才会有这种心态，才会有新的开始。

角色转变：从创业者到投资人

坦白地讲，2017 年从易到出来以后，我还在想各种各样的可能性，但今年我就是一个认真做投资的状态。创业和投资有很大不同，不是经历过创业，做投资就可以成为很自然的一件事情，就可以做到顺理成章、得心应手。

有一段时间，我一直没找到感觉，也觉得自己的视角有问题。记得一次开完投委会，晚上要聊项目，我就说看到了项目的各种问题，后来雷军跟我说："你先调整心态，把自己归零来学习。"

所以我觉得做投资首先要有归零的心态。作为一个有过创业经历和经验的人，也许很容易看到别人的问题，但是然后呢？对投资人来说，不仅仅是要看到问题，更重要的是要看到机会。如果看到的都是问题，最好的选择就是什么都不做，因为大部分项目都有一大堆问题和风险，难道哪个项目都不选吗？用这样的方式做选择也许正确的概率不低，但是你也将错过更大的机会。

其次，投资本身就是一件专业度很高的事情。尽管过去作为创业者无数次地和投资者打过交道，但说实话，对投资的专业性，包括制度怎么设计、怎么安排，条款上应该如何规划等，都需要重新学习。在专业投资方面，我就是一个小学生，不会说因为我经历过创业，有人知道我，就有很多项目来找我，我就如何如何，这个心态是不对的。

最后，从方法论上，要努力构建属于自己的投资判断认知框架。因为任何一个投资，看到趋势没有用，更要努力地看穿它，看到一些别人看不到的东西，做出一些别人不敢做的事，这才有意义。如果你的见识跟普通人一样，说实话，结果也只是平均水准，你也不可能因此获得常人看不见的机会。我做投资，就是要看到别人看不见的东西，做出别人不敢做的选择，这样才有机会。

总体而言，我现在一方面是努力看到问题背后的机会，另一方面是看到机会背后的问题。我也希望在自己进步的同时能看到独特的机会，在投资方面做到卓越。我当然也希望自己努力到足够卓越，有朝一日在投资人榜单上名列前茅。上榜不是目的，只是追求卓越的结果而已。

做小，做少，做慢

在顺为做投资的这一年，我可能见了有百八十个公司，也发现自己依然有一颗躁动的心。于是我就在想，如果再创业会和上一次有什么不同。

很多人认为创业的状态就应该做大事，拼快，拼多，拼大。创业领域没有人会去质疑这样一种价值观，但是这一年我恰恰有一些新的、不同的思考。

2017 年，我和曾鸣教授有过一次对话，跟他说我想休息一两年。他说："你其实可以休息 6 年、8 年的。"我说："为什么要这么长时间？"他说："以后人都可以活 120 岁了。"听他说这句话的时候，我心里一下子放松了，因为我的时间感拉长了。

第一，要做慢。当你把所有的事情想得足够长远的时候，做事情的从容程度会完全不一样。我现在做投资的时候，经常会问创业者，“你的事情想做多久”？有人会说三年就想做到什么样的级别；还有人说，这将是终生的事业。其实我这么问主要是想知道他们对自己想做的事情做了多久的打算。我认为不管是在哪一个时代，要做一家伟大的公司都需要慢慢去打磨，只有把一件事情想得足够长远的时候，才会做好当下每一件事情，否则就会很迷惑。

第二，要做小。要做足够小的事情，而不是做大的事情。我最近经常听到一些概念，基本就是跟人工智能、机器学习、云计算、大数据等相关的话语。创业者会说我们的业务跟人工智能有关，要解决某一个领域很宏大的问题。但是在我走访了一些公司，特别是我们投资的公司后，它们遇到的问题往往是：处在一个非常大的领域中，却始终找不到一个足够小的切口或者针眼扎进去解决这个问题，导致很长时间都是围着锅边转，无从下口。

所以，相对一个宏大的格局而言，我建议你可以从大处着眼，但一定要从小处着手，从最小的一件事情开始做。从大处着眼去做小事，即便你的事情再小也和别人的小事不一样。

第三，要做少。我们往往很容易把一件事情想得比较复杂，认为做的事情要足够高端、足够复杂、足够创新。相反，我认为应该尽可能把事情做少，而不是做多。一个创业公司一定是人少、钱少、资源少，不管你后面做得多么大，大多数公司最开始创业的时候都是如此。你也不用有任何的抱怨说找不着钱，没有人愿意跟你干，谁也不搭理你，这就是创业的常态，没有什么好抱怨的。你已经“三少”（人少、钱少、资源少）了，却想做很多事情，结果你在每件事情上只能下一点点的力气，又怎么可能做得好呢？所以我觉得，越是创业初期，创业者越应该把所有可能的诱惑抛掉，勇敢地把一个一个你想做的事情从清单上划掉，然后选择专注地去做一件事情。或者说得绝对一点，一个创业公司在一个时期可能只有一件关键任务，你只能全力以赴做那一件事情，才有可能做得好。

所以我的结论是，如果再创业，我可能会从传统的“做大，做多，做快”变成主动选择“做小，做少，做慢”，很多人说可能是我的心老了，就想做个小事，聊度余生，但我还没有说“但是”呢。

虽然做小，做少，做慢，但是要比过去更加追求细节上的卓越。过去我们做了很多事情，往往因为做的事情太多，对应的资源不够，思考也不够，导致每件事情的过程和结果都不够卓越。你可能觉得表面上挺好的，用户反馈也不错，或者比同行业都好，但这可能只是优秀。我在这里强调的是卓越，能不能从优秀变成卓越，还有一道鸿沟需要跨越。

可能有 99 个人能做到优秀，但只有 1 个人能做到卓越。如果你能把每一件事情都做到卓越，你在所处细分领域得到的支持和资源也将完全不一样，也就是你得到的“势”将完全不

如果你能把每一件事情都做到卓越，
你在所处细分领域
得到的支持和资源也将完全不一样，
也就是你得到的势将完全不一样。

一样。当然，追求卓越是一个非常艰苦的过程，你可以先问问自己是不是那 100 个人中唯一做到卓越的人。

勤奋可能并不是成功的充分条件

要去做真正正确的事情。我在这里讲一个小故事。有一次一个刚从硅谷回来的朋友跟我说，他看到硅谷那边的一些大公司下午 6 点就下班了，太懒了，假以时日，我们一定能够超过他们。我说我恰恰有另外一个视角，他们如此不勤奋还能做到日进斗金，说明他们做了正确的事情。反观我们的创业者，996 工作制度、狼性、血拼……中国的创业模式主要是战斗模式，但是大多数公司其实并没有处于前列。这似乎给了我们一个启示，和正确的事情相比，可能勤奋没有那么重要，也就是说勤奋不是成功的充分条件。

什么是真正正确的事情呢？这是个高深无比的问题。如果再创业，我希望正确的事情是那些创新到可以毫不费力又能收获巨大成功的事情。这话说起来很招人恨。

如果再创业，我一定要去做一个真正平凡的创业者。尤其像我们这种多次创业的人，很多人对我们都抱有很大的期待。说实话，我今天最怕听到有人跟我说："周航，如果你再创业我一定投你，一定给我们留点份额。"很感谢大家，但这句话给我很大的压力，对我的下一次创业可能也并不是那么好。如果再创业，我会更努力地把自己的心态放平和，和普通创业者一样从零开始，做一个真正平凡的创业者，而不是一直暗示自己是一个自带光环的创业者。

在否定中继续向前走

创造使我快乐，我依然想再次创业。在过去的创业中，肯定有很多值得总结的地方，如果我再创业，应该能从上一段创业中学到些什么，自己在认知和心态上也会有所改变。

规律是一样的，相应的坎儿，过不去还是过不去。如果自己不改变，依然会遇到同样的瓶颈。所以，现在的我才会觉得，必须要在沉下来的这段时间，好好反思这段经历，重新思考自己应该有哪些改变，这会使我未来的创业路走得更好一些。

我希望未来的我，能够始终处在一个重新思考的状态，不断否定昨天的自己。

现在的反思，未必是下一次创业的圣经，也许本身不见得有多正确，也许我会继续在未来的创业路上不断否定今天的结论。但这何尝不是一种更好的状态，不是一种新的思维方式？在未来，我将继续：to refresh myself, rethink the world,and rebuild a new business。

后记
为了再来：重新理解创业

易到的事情告一段落后，有一次我去找徐小平老师聊。徐老师是易到的早期投资人，正如他所言，易到也是我们曾经一起编织的梦。那次见面，他对我说："易到这段创业波澜起伏，你肯定有很多收获，也有很多思考，你应该把它写下来，你的经历肯定会对其他创业者有很多启发和帮助。"徐老师的鼓励也是这本书的缘起，但当时我并不确信自己有足够的能力写一本书，一来我从未写过书，二来我不知道是否有足够的勇气去面对真实的过去和内心深处的自己。我思考了很久，是否真的愿意去剖析那个自己，又是否有能力做好这件事情？

这要感谢曾鸣教授。我和曾教授相识十几年，在我人生几次关键的转折点，他都曾给予我帮助和指点，为我创造了机会，带我去到更广阔的世界，特别是在湖畔大学有一个学习失败的文化，在这种环境下，我有了更多勇气面对过去，也终于理解了失败。《重新理解创业》便是从重新理解失败开始的，当对失败有了新的理解和认知后，我终于豁然开朗，这促使我终于下定决心去写这本书。

现在我正在学习投资，这要感谢雷军先生，他给了我一个机会，让我从创业走向投资，并且让我认识到从“看到”到“看穿”的过程中，真正的“看明白”是行动，没有行动的认知就没有真正的明白，而且必须要用空杯的心态学习投资，要多看到别人的机会。雷总从金山到小米的创业，这中间的投资历程更是我学习的榜样。

对于这本书，我希望坚持真诚的态度，思考什么就写下什么，写下的文字一定是自己相信的。所以不管是写书的过程还是后期的出版，我不为外部的其他因素所影响，努力还原最初的简单心态。拿书名和封面来说，可能会有更吸引人的书名，但跟出版社有过数次的讨论后，我最后还是坚持了《重新理解创业》，这是我的初心，想跟创业者分享的初心，希望我的思考能够对正在路上的创业者有所启发。

当然，更要感谢前前后后帮助这本书的人。在我不知道如何写书的时候，感谢得到的老罗、李翔、蔡钰给了我很多无私的帮助，安排陶然同学做了初步整理；感谢我的同事杜洋洋、杨小羊帮助我整理完善，努力向前推进；感谢中信出版社，让这些思考和文字能够与更多人分享；在出版的过程中，感谢出版界的好朋友路金波和徐智明，给予我很多真诚的建议；感谢易到我的前合伙人汤鹏、朱月怡提供资料参考，让尘封在电脑中的过往活跃于书页；正是这些人的关注和努力，赋予了本书更多温度。另外，感谢支持的读者，文字定格了思考的当时，但思考不会停下来，希望在你我一起迎接未来的过程中，与你分享更多的“重新理解创业”。

创业维艰，作为一个创业者，离不开家人长期以来对我坚持创业这种生活方式的支持和理解，这本书也献给我的孩子们，希望孩子们为一个创业的父亲感到骄傲。